Arnold · Existenzgründung – 99 Tips und wie man sie realisiert

Jürgen Arnold

Existenzgründung

99 Tips
und wie man sie realisiert

für Handel, Handwerk, Dienstleistungs- und Produktionsbetriebe

2., neubearbeitete und erweiterte Auflage

AUGUSTUS VERLAG AUGSBURG

CIP-Titelaufnahme der Deutschen Bibliothek

Arnold, Jürgen:
Existenzgründung: 99 Tips und wie man sie realisiert für
Handel, Handwerk, Dienstleistungs- und Produktionsbetriebe /
Jürgen Arnold. - 2., neubearb. u. erw. Aufl. - Augsburg :
Augustus-Verl., 1990
ISBN 3-8043-0115-0

Umschlaggestaltung: Klaus Neumann, Wiesbaden
Lektorat: Günter Wiegand, Kronberg-Oberhöchstadt

1. Auflage 1986 Bauverlag GmbH, Wiesbaden und Berlin
2. Auflage

AUGUSTUS VERLAG AUGSBURG 1991

Satz: 9/10 1/2 Punkt Times von Appl, Wemding
Gesamtherstellung: Wiener Verlag, Himberg bei Wien

Printed in Austria
ISBN 3-8043-0115-0

Vorwort zur 2. Auflage

Noch nie zuvor wurde das Engagement und das Risiko von Unternehmensgründern durch wirtschaftliche und politische Institutionen derart angeregt und unterstützt wie zu Beginn der Neunziger Jahre.

Neben öffentlichen Finanzierungshilfen, Zuschüssen zur Nutzung von Gründungsberatungen und der Schaffung von synergetischen Effekten in der Einrichtung von Technologiefabriken und Unternehmensparks haben weitere wirtschaftliche Einrichtungen, Verbände und Unternehmen die Herausforderung angenommen, mit neuen Methoden, auch unter Berücksichtigung des europäischen Binnenmarktes, der Zeit angepaßte Akzente zu setzen.

Die 2. Auflage wurde durch Themen ergänzt wie Start up-Gründung, Franchise, Junge Technologie-Unternehmen, Risiko-(Venture-)kapital, Buy out, Spin off, Europäische Finanzierungshilfen, EG-Binnenmarkt, die zunehmend an Bedeutung gewinnen.

Vorhandene Richtlinien und Bestimmungen, die der Existenzgründer unbedingt wissen sollte, wurden auf den aktuellsten Stand gebracht. Das Buch wurde um das wichtige Kapitel Werbung, Tips zur Preisgestaltung sowie Anmerkungen zum neuen Ladenschlußgesetz erweitert.

Vorwort zur 1. Auflage

Grundgedanken dieses Buches sind Tips zur Vermeidung risikobehafteter Existenzgründungen, die letztendlich zu Konkursen und zur Auflösung der Firma und zum persönlichen Ruin des Jungunternehmers führen müssen; denn erfolgreiche Existenzgründung beruht nicht nur auf Probieren und Experimentieren, sondern auf vorheriger gründlicher Information und Abwägung der Risiken.

Gerade die systematische Vorbereitung und Planung der Etablierung von Unternehmen und die Vermeidung von Fehlern, die bei den meisten Gründungsvorhaben aus unterschiedlichen Branchen immer wieder gemacht werden, stellen sich recht bald als eine existenzielle Notwendigkeit für den Existenzgründer heraus.

Dieses Buch spannt den Bogen von der Idee der Existenzgründung über die Planungsphase bis zur eigentlichen Durchführung. Neben den zu beachtenden Besonderheiten der einzelnen Wirtschaftszweige werden zusätzliche Hilfen für den Existenzgründer angeboten. Hinzu kommen Tips zur Finanzierung und zum Umgang mit Behörden, Kammern, Ämtern und Organisationen.

Besonderer Dank gebührt den verschiedenen Existenzgründern, beteiligten Ämtern und Kammern, z. B. der Industrie- und Handelskammer, der Handwerkskammer, dem Arbeitsamt, Krankenkassen, Steuerberatern, der Bundesversicherungsanstalt für Angestellte, der Post, Versicherern, Banken und Sparkassen, die beim Zusammentragen dieser Informationen beteiligt waren.

Inhaltsverzeichnis

1. Überlegungen vor einer Existenzgründung

1.1 Die Idee einer Existenzgründung

Am Anfang steht zunächst die **Idee** einer oder mehrerer Personen, aus den verschiedensten Anlässen heraus eine Existenzgründung vorzunehmen, ein eigenes Unternehmen zu führen, Entscheidungen und damit Verantwortung für die Dienstleistung oder die Erstellung eines Produktes in eigene Hände zu nehmen.

Folgende Gründe führen in der Regel zu Überlegungen, eine Existenz zu gründen:

- Streben nach Unabhängigkeit
- Realisierung einer Idee bzw. Erfindung
- Frustration und Differenzen beim bisherigen Arbeitgeber
- Entwicklung von Möglichkeiten, die durch bisherige Tätigkeiten nicht realisiert werden konnten
- Übernahme von Teilaufgaben befreundeter Unternehmen oder bisheriger Arbeitgeber
- Arbeitslosigkeit

Bei den 1984 durchgeführten Existenzgründungen wurden lt. Veröffentlichung in Globus 5299 [1] folgende Personengruppen als Existenzgründer genannt:

Angestellte	61%
Arbeiter	17%
Arbeits-/Berufslose	13%
Sonstige	9%

Für den Existenzgründer bedeutet die Wahl des Wirtschaftsbereiches bereits die erste, wesentliche Entscheidung und damit Festlegung in Struktur, Inhalt und Gestaltung des späteren Unternehmens.

Der gleichen, in Globus 5299 [1] veröffentlichten Erhebung ist zu entnehmen, daß folgende Wirtschaftsbereiche von Existenzgründungen betroffen waren:

Händler	42%
Dienstleistungsberufe	21%
Produzierendes Gewerbe	12%
Handwerk	11%
Gastronomie	6%
Freiberufler	4%
Sonstiges	4%

Einem ernsthaften Existenzgründer muß bewußt sein, daß mit der Wahl eines Wirtschaftsbereiches Konsequenzen hinsichtlich Raum, Ort, Personal, Kapital und somit Finanzierungsvolumen entstehen.

1.2 Besonderheiten der einzelnen Wirtschaftsbereiche

1.2.1 Gewerbliche Wirtschaft

Im Rahmen unseres (westlichen) Wirtschaftssystems finden aufgrund ihrer unterschiedlichen Struktur und Aufgaben verschiedene Wirtschafts- und Unternehmensformen ihren Platz.

So kennt man den Handelsbetrieb mit seinen Varianten Einzel-, Groß- und Außenhandel, Versandhandel, das Handwerk, das oft mit Handel kombiniert wird, den Produktions- oder Industriebetrieb, den Versicherungs- oder Bankbetrieb. Zählt man Kommissionäre, Vertreter, Steuerberater, Makler, freie Berufe etc. sowie Forst- und Landwirtschaft noch dazu, gibt es eine Vielzahl von Möglichkeiten des selbständigen Engagements.

Im folgenden werden die vielen Berufsstände - mit Ausnahme der freien Berufe (Ärzte, Rechtsanwälte, Steuerberater, Architekten und Ingenieure) - unter dem Begriff „Gewerbliche Wirtschaft" zusammengefaßt.

Nach den „Richtlinien über die Förderung von Unternehmensberatungen für kleine und mittlere Unternehmen" [2] werden für die Zuschußgewährung für allgemeine und Existenzgründungsberatungen folgende Wirtschaftsbereiche unterschieden:

- Handwerk
- Industrie
- Groß-/Außenhandel
- Einzelhandel
- Verkehrsgewerbe
- Reisebürogewerbe
- Sonstige Dienstleistungsgewerbe
- Handelsvertreter, Handelsmakler
- Agrarbereich

Für welche Unternehmen der angesprochenen Wirtschaftsbereiche diese Richtlinien im einzelnen gelten, hängt unter anderem von der Umsatzgröße ab, die je Wirtschaftsbereich bestimmte Maximalgrenzen nicht überschreiten darf.

1.2.1.1 Handwerk

Das Handwerk bildet in der gewerblichen Wirtschaft ein Bindeglied zwischen dem reinen Produktionsbetrieb (Massenproduktion/niedrige Preise) und dem Handel (Verteilung und Versorgung mit Waren).

Im Vordergrund stehen die individuelle Berücksichtigung von Kundenwünschen und Vorstellungen, die Montage und Spezialisierung bis hin zur Einzelfertigung.

Zu den Handwerksbetrieben zählen nach Anlage A der Handwerksordnung nachfolgend aufgeführte Gewerbe:

I Gruppe der Bau- und Ausbaugewerbe

1 Maurer
2 Beton- und Stahlbetonbauer
3 Feuerungs- und Schornsteinbauer
4 Backofenbauer
5 Zimmerer
6 Dachdecker
7 Straßenbauer
8 Wärme-, Kälte- und Schallschutzisolierer
9 Fliesen-, Platten- und Mosaikleger
10 Betonstein- und Terrazzohersteller
11 Estrichleger
12 Brunnenbauer
13 Steinmetze und Steinbildhauer
14 Stukkateure
15 Maler und Lackierer
16 Kachelofen- und Luftheizungsbauer
17 Schornsteinfeger

II Gruppe der Metallgewerbe

18 Schmiede
19 Schlosser
20 Karosseriebauer
21 Maschinenbauer (Mühlenbauer)
22 Werkzeugmacher
23 Dreher
24 Mechaniker (Nähmaschinen- und Zweiradmechaniker)
25 Büromaschinenmechaniker
26 Kraftfahrzeugmechaniker
27 Kraftfahrzeugelektriker

28 Landmaschinenmechaniker
29 Feinmechaniker
30 Büchsenmacher
31 Klempner
32 Gas- und Wasserinstallateure
33 Zentralheizungs- und Lüftungsbauer
34 Kupferschmiede
35 Elektroinstallateure
36 Elektromechaniker
37 Fernmeldemechaniker
38 Elektromaschinenbauer
39 Radio- und Fernsehtechniker
40 Uhrmacher
41 Graveure
42 Ziseleure
43 Galvaniseure und Metallschleifer
44 Gürtler und Metalldrücker
45 Zinngießer
46 Metallformer und Metallgießer
47 Glockengießer
48 Messerschmiede
49 Goldschmiede
50 Silberschmiede
51 Gold-, Silber- und Aluminiumschläger

III Gruppe der Holzgewerbe

52 Tischler
53 Parkettleger
54 Rolladen- und Jalousiebauer
55 Bootsbauer
56 Schiffbauer
57 Modellbauer
58 Wagner
59 Drechsler (Elfenbeinschnitzer)
60 Schirmmacher
61 Holzbildhauer
62 Böttcher
63 Bürsten- und Pinselmacher
64 Korbmacher

IV Gruppe der Bekleidungs-, Textil- und Ledergewerbe

65 Herrenschneider
66 Damenschneider
67 Wäscheschneider
68 Sticker
69 Stricker
70 Modisten
71 Weber
72 Seiler
73 Segelmacher
74 Kürschner
75 Hut- und Mützenmacher
76 Handschuhmacher
77 Schuhmacher
78 Orthopädieschuhmacher
79 Gerber
80 Sattler
81 Feintäschner
82 Raumausstatter

V Gruppe der Nahrungsmittelgewerbe

83 Bäcker
84 Konditoren
85 Fleischer
86 Müller
87 Brauer und Mälzer
88 Weinküfer

VI Gruppe der Gewerbe für Gesundheits- und Körperpflege sowie der chemischen und Reinigungsgewerbe

89 Augenoptiker
90 Hörgeräteakustiker
91 Bandagisten
92 Orthopädiemechaniker
93 Chirurgiemechaniker
94 Zahntechniker
95 Friseure
96 Färber und Chemischreiniger
97 Wachszieher
98 Wäscher und Plätter
99 Gebäudereiniger

VII Gruppe der Glas-, Papier-, keramischen und sonstigen Gewerbe

100 Glaser
101 Glasschleifer und Glasätzer
102 Feinoptiker
103 Glasinstrumentenmacher
104 Glas- und Porzellanmaler
105 Farbsteinschleifer, Achatschleifer und Schmucksteingraveure
106 Fotografen
107 Buchbinder
108 Buchdrucker; Schriftsetzer; Drucker
109 Steindrucker
110 Siebdrucker
111 Flexografen
112 Chemigrafen
113 Stereotypeure
114 Galvanoplastiker
115 Keramiker
116 Orgel- und Harmoniumbauer
117 Klavier- und Cembalobauer
118 Handzuginstrumentenmacher
119 Geigenbauer
120 Metallblasinstrumenten- und Schlagzeugmacher
121 Holzblasinstrumentenmacher
122 Zupfinstrumentenmacher
123 Vergolder
124 Schilder- und Lichtreklamehersteller
125 Vulkaniseure

Der charakteristische Handwerksbetrieb (der entsprechend dem Gewerk jedoch in Aufbau und Organisation recht unterschiedlich sein kann) beschäftigt im Schnitt ca. 8 erwerbstätige Personen.

Die prozentuale Verteilung liegt laut Handwerkerfibel [3] bei:

Einmannbetrieb	18%
2-4 Beschäftigte	39%
5-9 Beschäftigte	26%
10 und mehr Beschäftigte	17%

Zur Gründung eines Handwerksbetriebes ist ein Befähigungsnachweis für das entsprechende Gewerk erforderlich; in der Regel ist das die Meisterprüfung. Das bedeutet jedoch nicht, daß von vornherein für einen Nichtmeister im handwerklichen Bereich die Existenzgründung ausgeschlossen ist. Denn in der

Regel ist es möglich, einen sogenannten „Betriebsleiter“ zu beschäftigen, der die entsprechenden Qualifikationen mitbringt und kraft Vertrag entscheidende Verantwortung in Fertigung und ggf. Montage oder Reparatur (technischer Bereich) trägt.

> **Tip 1.1**
>
> Langfristig ist es für den Existenzgründer sicherer, sich selbst - falls zur Zeit der Existenzgründung nicht vorhanden - die erforderliche Qualifikation nachträglich in einem angemessenen Zeitraum anzueignen. Die zuständige Handwerkskammer ist hier jederzeit behilflich.

1.2.1.2 Industrie

Aufgabe eines Industriebetriebes ist, Rohstoffe oder Halbfabrikate durch Verarbeitung bzw. Veredelung in Investitions- oder Konsumgüter umzuwandeln. Dies erfordert sowohl hohes technologisches Know-how als auch ausreichend Kapital für Raum, Maschinen, Rohstoffe, Personal, Vertrieb und Verwaltung.

Gerade diese hohen technischen und finanziellen Anforderungen sind im Vergleich zu anderen Wirtschaftsbereichen die Ursache für einen geringeren Anteil an Existenzgründungen in diesem Bereich.

Da zur Gründung eines Industriebetriebes hohes technisches Know-how erforderlich ist, bleibt dieser Wirtschaftszweig im wesentlichen dem technisch orientierten Gründer vorbehalten.

> **Tip 1.2**
>
> Gerade in Industriebetrieben mit hohem Kapital- und Organisationsanteil ist für einen weniger erfahrenen Existenzgründer kaufmännische Unterstützung durch ein differenziertes, spezialisiertes Management intern und extern von existenzieller Notwendigkeit.

1.2.1.3 Groß- und Außenhandel

Aufgabe des Groß- (und Außen-)handels ist der Verkauf von Gütern an Wiederverkäufer (bzw. über die Grenzen hinweg); der Großhändler verbindet damit Hersteller und Wiederverkäufer.

Ähnlich wie beim Industriebetrieb ist der Händler durch die Art der Tätigkeit, die die Bereitstellung und Ausstattung eines Lagers erfordert, mit einer hohen Kapitalbindung belastet.

Große Investitionen im Maschinenpark und die Beschäftigung von spezialisiertem Personal können im Vergleich zum Industriebetrieb weitgehend entfallen. Doch muß aufgrund der Aufgabenstellung unter Umständen ein großer, speziell eingerichteter Lagerraum (z. B. für Tiefkühlkost) zur Verfügung stehen.

Das Risiko des Händlers liegt in den anfallenden Lagerkosten, der hohen Kapitalbindung und dem Schwund (z. B. durch Mode oder begrenzte Lagerzeit) der Ware.

Im Regelfall handelt es sich bei Existenzgründern im Handelsgewerbe um ausgebildete Kaufleute.

Tip 1.3

Das Risiko für jeden Händler liegt im gebundenen Kapital. Prüfen Sie bitte rechtzeitig den eventuellen Handelsgegenstand (Produkte) Ihres zukünftigen Unternehmens hinsichtlich Art, Umfang und begrenzter Haltbarkeit im Warensortiment.

1.2.1.4 Einzelhandel

Während im Großhandel der Wiederverkäufer als Zielgruppe im Vordergrund steht, wird im Einzelhandel in der Regel der private Endverbraucher angesprochen. Neben der differenzierten Sortimentsgestaltung und den unter Großhandel bereits aufgeführten Merkmalen sind hier unterschiedliche rechtliche und steuerliche Gepflogenheiten, wie zum Beispiel die unterschiedliche Anwendung der Mehrwertsteuer, Gerichtsstand, Verjährung, zu beachten.

1.2.1.5 Versandhandel

Eine Sonderform des Einzelhandels stellt der Versandhandel dar, der autonom als reiner Versandhandel, oft aber auch in Kombination mit Einzelhandelsgeschäften als sogenanntes „zweites Bein" betrieben wird.

Im Gegensatz zum reinen Einzelhandel, bei dem der potentielle Kunde in der Regel als Konsument in die Geschäftsräume des Unternehmens zum Einkaufen kommt, findet im Versandhandel die Übergabe des schriftlich oder telefonisch bestellten Wirtschaftsgutes über Dritte, in der Regel Transportfirmen, wie z. B. Post, Spedition, Boten und sonstige Paketdienste, statt.

Die Vorteile im Versandhandel liegen

- in der Konzentration bzw. Spezialisierung auf wenige bestimmte Produkte;
- bei Lieferengpässen in einer verzögerten Auslieferung, die eine rechtzeitige Wiederbeschaffung der Wirtschaftsgüter ermöglicht;
- in einschränkbaren Lagermöglichkeiten, die im Regelfall nur eine Lieferfähigkeit innerhalb eines kurzen Zeitraumes von 1 bis 4 Wochen abzudecken hat;
- in der geringen Kapitalbindung bei den lieferbereit zu haltenden Wirtschaftsgütern;
- in dem Verzicht auf kundenansprechende Verkaufsräume.

Diesen Vorteilen stehen jedoch wesentlich kostenträchtigere Nachteile gegenüber:

- Kosten für Erstellung, Verpackung und Versand von Katalogen
- Einrichtung und Pflege von Kundenkarteien (Vermeidung von Kartei durch Einsatz von kleinen EDV-Systemen)
- im Gegensatz zum Einzelhandel, bei dem der Kaufwille der Kundschaft beim Betreten des Ladens vorhanden ist, Schaffung von Kaufanreizen in unpersönlicher Form und
- damit verbunden eine relativ niedrige Rücklaufquote (0,5 bis 4%) der angesprochenen Adressaten
- Rechnungserstellung, Schreiben und Versenden von Mahnungen bei Nichtzahlungen bzw. Zahlungsverzögerungen, soweit nicht von Nachnahmelieferungen Gebrauch gemacht wird.

1.3 Typen der Unternehmensgründungen

1.3.1 Start up-Gründungen (traditionelle Gründung)

Im engeren Sinne soll hierunter die erstmalige Gründung eines Unternehmens verstanden werden, die durch eine Einzelperson oder mehrere Personen (als Gesellschaft) erfolgen kann.

Eine Zweit- oder wiederholende wie auch Um- oder Übernahmegründung wird hier nicht berücksichtigt.

Echte Marktlücken lassen sich nur in absolut innovativen Bereichen wie in der Technologie oder im Zusammenhang mit Ökologie und Umweltschutz finden.

Marktnischen können nur in vorsichtig und im Detail ausgearbeiteten Nuancen von Produktbereichen und/oder Marketingstrategien gefunden werden. Alle anderen Vorstellungen lassen sich nur über die Marktverdrängung ermöglichen. Hier hat der erstmalige Unternehmensgründer die schlechtesten Karten.

1.3.2 Buy out-Gründungen

Mit Blick auf die Nachkriegsgeneration steht zur Zeit in Familienunternehmen häufig die Alternsnachfolge der in den 50er und 60er Jahren gegründeten Unternehmen an.

Aber nicht nur die Fortführung durch Verwandte, bedingt durch den Ruhestand des Unternehmers, gibt hier bei der Vielzahl von Einzelfirmen den Ausschlag, sondern auch der Erwerb durch Neugründer, verbunden mit der Möglichkeit, systematisch und qualifiziert einen Nachfolger einzuarbeiten und an diesen das Geschäft zu übergeben/verkaufen.

Wie funktioniert ein Buy Out?

Ein Unternehmer hat mit 62 Jahren seine sich selbst gesetzte Altersgrenze erreicht und möchte sein Unternehmen gerne verkaufen. Seine Kinder sind nicht daran interessiert, sein Lebenswerk fortzuführen. Ein Verkauf an einen kaufwilligen Großkonzern kommt für den Unternehmer aber auch nicht in Betracht.

Allerdings hält er seinen Geschäftsführer für befähigt, das Unternehmen in seinem Sinne erfolgreich weiterzuführen. Dieser ist auch an einer Übernahme interessiert, kann allerdings den erwarteten Kaufpreis aus eigenen Kräften nicht aufbringen.

Tip 1.4

Auch im Rahmen der Altersnachfolge und bei Betriebsübergaben sollte man sich nicht auf die stichtagsbezogene Bilanz verlassen. Die Ermittlung der betriebswirtschaftlichen Ertragskraft ist zeitraum-, nicht zeitpunktbezogen und erfordert eine detaillierte Analyse des Rechnungswesens.

In der ersten Phase eines Buy Outs werden zunächst Ist- und Planbestandsaufnahmen durchgeführt. Die Bilanzen des Unternehmens werden analysiert, die Wettbewerbssituation strategisch untersucht und die Finanz- und Marketingpläne des Unternehmens auf ihre Realisierbarkeit hin überprüft. Dies geschieht in Zusammenarbeit und Abstimmung mit dem Management, dem bei einem Buy Out größte Bedeutung zukommt. Der unternehmerischen Chance, vom Angestellten zum Miteigentümer zu werden – und langfristig gegebenenfalls an der Wertsteigerung des Eigenkapitals durch Börseneinführung zu partizipieren – steht eine hohe Verantwortung gegenüber.

1.3.3 Spin off-Gründungen

Eine interessante Gründungsvariante ist die Spin off-Gründung. Unter dem international geläufigen Begriff „Spin off" wird das Herauslösen von Unternehmensfunktionen aus einer Muttergesellschaft verstanden und unter Einbindung Dritter eine Unternehmensgründung vollzogen.

Sie wird schon seit längerem von größeren Unternehmen praktiziert und tritt in der mittelständischen Wirtschaft zusehends häufiger auf. Diese Methodik hat sich aus zwei Aspekten herausgebildet:

- Man will qualifiziertes Personal in Führungsebenen halten, wenn auch ein weiterer Aufstieg auf der Karriereleiter nicht möglich erscheint. Bevor der Mitarbeiter verlorengeht, wird geprüft, ob das Unternehmenssegment ggf. zu verselbständigen ist. Damit wird weitgehende Verantwortung im Rahmen einer Beteiligung auf den bisher leitend angestellten Mitarbeiter übertragen und er als Teilhaber für die Know-how-Bildung weiterhin erhalten.
- Bedingt durch die Aufgabenstellung oder durch die Möglichkeit, besondere Unterstützungshilfen (Subventionen) zu erhalten, erscheint die Auslagerung, beispielsweise der Abteilung Forschung und Entwicklung, oder eine Zusammenführung gleichartiger Segmente mit anderen Unternehmen erfolgversprechend.

In der Folge werden weitere externe Finanzquellen erschlossen. Durch die Beteiligung von Mitarbeitern können weitgehende externe Finanzierungen, auch die Inanspruchnahme von öffentlichen Finanzierungshilfen, mit berücksichtigt werden, was gleichfalls eine Gemeinkostensenkung im übrigen Bereich mit sich bringt.

Gerade bei betriebswirtschaftlich agierenden Unternehmen bieten sich im Laufe der Zeit vielfältige Ansatzpunkte, Teilbereich des Unternehmens auszugliedern und in der (Risiko-)Verantwortung eines bisherigen Mitarbeiters weiterzuführen.

Beispiele für derartige Funktionen sind:

- Einkauf
- Datenverarbeitung
- Personalwesen (-beschaffung)
- Marktforschung
- Marketing

Derartige Spin off-Gründungen sind keine Zufallsprodukte, sondern stellen die Folge geplanten unternehmerischen Handelns dar mit der Zielsetzung, Unternehmenssegmente aus Gemeinkostengesichtspunkten aus dem Unternehmen zu lösen und dennoch nicht das Know-how zu verlieren.

Die unternehmensplanerischen Gesichtspunkte konzentrieren sich immer wieder auf folgende Planungsziele:

- Interne Rationalisierung
- Diversifikation des Unternehmens
- durch Innovation Erschließung neuer Zielgruppen
- weitreichende Personalpolitik und Motivation

Die Verselbständigung bestimmter Unternehmensfunktionen bringt noch andere Vorteile mit sich, die beispielsweise durch die Innovation und Motivation des neuen Unternehmens zwangsläufig abgebaut werden.

- Verkrustung bisheriger Organisationsstrukturen
- Verbürokratisierung in Personal und Organisation
- Abteilungs- und egoistisches Gruppendenken
- Frustration innovativ und stark motivierter Mitarbeiter

1.3.4 Franchisegründungen

Franchise ist ein vertikal-kooperativ organisiertes Absatzsystem rechtlich selbständiger Unternehmen auf der Basis eines vertraglichen Dauerschuldverhältnisses. Dieses System tritt am Markt einheitlich auf und wird geprägt durch das arbeitsteilige Leistungsprogramm der Systempartner sowie ein Weisungs- und Kontrollsystem zur Sicherung eines systemkonformen Verhaltens.

Das Leistungsprogramm des Franchisegebers ist das Franchisepaket. Es besteht aus einem Beschaffungs-, Absatz- und Organisationskonzept, dem Nutzungsrecht an Schutzrechten, der Ausbildung von Franchisenehmern und der Verpflichtung des Franchisegebers, den Franchisenehmer aktiv und laufend zu unterstützen sowie das Konzept ständig weiterzuentwickeln.

Der Franchisenehmer ist im eigenen Namen und für eigene Rechnung tätig; er hat das Recht und die Pflicht, das Franchisepaket gegen Entgelt zu nutzen. Als Leistungsbeitrag liefert er Arbeit, Kapital und Information.

Tip 1.5

Franchisesysteme verbinden die Vorteile von Großunternehmen mit den Vorteilen von Kleinunternehmen ohne deren jeweilige Nachteile.

Eine Franchisekette mit über 200 Partnern weiß mehr darüber, wie man ein Produkt verkauft, als ein Existenzgründer zur Gründung und unmittelbar danach in Erfahrung bringen könnte.

Vom günstigeren Großeinkauf bis zu Qualitätsgüteprüfung, von der Gemeinschaftswerbung bis zur Marktforschung lassen sich durch strikte Arbeitsteilung die Vorteile sehen.

Ein üblicher Start up-Gründer muß erst den Markt erkunden, sein Ladenlokal vorbereiten und gestalten, günstige Einkaufsquellen erschließen und seine verkäuferischen Fähigkeiten trainieren.

Im Franchisesystem kann es durchaus als üblich angesehen werden, daß der Franchisegeber seinen Partnern die Ladenlokale schlüsselfertig einrichtet, die überregionale sowie auch die Eröffnungswerbung organisiert und regelmäßig Produktschulungen durchführt.

Franchise kann nur funktionieren, wenn möglichst viel standardisiert wird.

Tip 1.6

Einmal gedacht und hundertmal angewandt ist billiger als hundertmal gedacht und hundertmal angewandt.

Wo liegen die Vorteile für den Franchisegeber?

In der Zusammenarbeit mit dem Franchisenehmer löst der Systemgeber gleich zwei weitere Probleme:

- Finanzierungs- und
- Personalfragen

● **Weniger Kapitalbedarf bei schnellem Multiplikatoreffekt**

Die Einrichtung eines mittleren Ladengeschäftes kostet heute von zwischen 150000 und 350000 Mark bis zu einer Million Mark.

● **Image und Markenbildung wird nicht aus der Hand gegeben**

Aussehen und Einrichtung der Geschäftslokale werden vom Franchisegeber bestimmt. Sein Corporate Identity und sein angestrebtes Image kann dem Verbraucher unverfälscht dargestellt werden.

● **Steigerung der Kosteneffizienz**

Marketing-Aktionen, wie Sonderangebote oder Preisausschreiben, verpuffen nicht mehr, weil Händler nicht mitziehen, sondern entfalten ihre beabsichtigte Wirkung, da sich i. d. R. alle Franchisenehmer beteiligen müssen.

● **Erschließung der Märkte unter Berücksichtigung örtlicher Gegebenheiten**

Die Vorteile in der Zusammenarbeit mit Franchisenehmern liegen in deren Nähe zum Markt. Im regionalen Unterschied können die Gewohnheiten der Verbraucher besser erkannt und berücksichtigt werden.

● **Besondere Nutzung der ausgeprägten Motivation des Franchisenehmers**

In der Einsatzbereitschaft des Inhabers kann ein größerer betriebswirtschaftlicher Nutzen liegen als in der Einrichtung unselbständiger Filialen. Wer auf eigene Rechnung und auf eigenes Risiko arbeitet, leistet in der Regel mehr als ein angestellter Arbeitnehmer.

Wo liegen die Vorteile für den Franchisenehmer?

● **Nutzung der Marktmacht eines etablierten Unternehmens**

- Know-how und (langjährige) Erfahrung im System und damit Nutzung erprobter und erfolgreicher „Produkte"
- Erfahrungsaustausch mit gleichrangigen Franchisepartnern aus anderen Regionen, insbesondere dann, wenn dieser Erfa-Austausch im System institutionalisiert ist
- Genuß des bereits vorhandenen Firmenimages und Markennamens

● **Einkaufsvorteile**

Bessere Einkaufskonditionen bei der Industrie lassen sich über den Franchisegeber erzielen, wenn dieser kein produzierendes Unternehmen darstellt, sondern eventuell als Handelshaus Importfunktionen wahrnimmt.

Der Vergleich des Einkaufspotentials eines Großmarktes mit dem Tante-Emma-Laden ist durchaus angebracht.

● **Nutzung bestehender und erfolgreicher Marketing-Konzepte**

Die Nutzung eines gezielten und oft besseren Marketingkonzeptes ist erfolgversprechender als langwierige Eigenversuche. Die Durchführung aufwendiger Werbekampagnen läßt sich - mit Partnern geteilt - leichter bezahlen. Die sofortige Nutzung eines hohen Bekanntheitsgrades erleichtert die Markteinführung des eigenen Unternehmens.

● **Hilfestellung in der Etablierungsphase der Unternehmensgründung**

Investitionsentscheidung unter größtmöglicher Sicherheit (Franchisegeber kann Marktchancen qualifizierter beurteilen und hatte sicherere Möglichkeiten, einen fundierten Finanzplan zu erarbeiten). Arbeitsteilung - daher Konzentration auf wichtige Aufgaben vor Ort. Schulung in der Betriebsführung, laufende Weiterbildung, Beratung und sonstige Hilfestellungen.

- **Bestimmen eines persönlichen Freiraums**

Das Einkommen wird durch eigenen Einsatz bestimmt. Innerhalb der „Spielregeln des Systems“ ist der Franchisenehmer völlig selbständig. Steigerung des Ich-Gefühls durch Stärke in der Gruppe.

Wo liegen die Einschränkungen für den Franchisegeber?

Das Franchisesystem stellt - wie andere Formen der Unternehmensgründung - keine Garantie auf Gewinn und Existenz dar. Es erleichtert in vielen Dingen Einstieg und Durchführung.

Wo liegen die Einschränkungen für den Franchisenehmer?

Wer sich einem Franchisesystem anschließt, muß gewisse Kompromisse eingehen.

Franchise ist die Arbeitsteilung zwischen einer Systemzentrale und den Systempartnern vor Ort. Dadurch ergibt sich ein beiderseitiges Abhängigkeitsverhältnis. Erfüllt nun der Franchisegeber nicht seine versprochenen Leistungen, kann das erhebliche Probleme für den Partner nach sich ziehen.

Erweist sich die Geschäftspolitik der Zentrale gar als falsch oder das Franchisekonzept als nicht ausgereift, kommen auf den Franchisenehmer schnell existenzbedrohende Gefahren zu.

- **Vorgefertigtes Unternehmenskonzept**

Das Geschäftskonzept ist fix und fertig, individuelle Änderungen sind nur selten möglich. Rücksichtnahme auf die Interessen der anderen Systemmitglieder. (Keine Ausnahmen - Gleichheitsprinzip)

- **Einschränkung im Dispositionsspielraum und eigener Initiativen**

Der Franchisenehmer muß sich anpassen, die Zentrale kann ihm in sein Geschäft hineinreden.

- **Durch systemeinheitliches Controlling ist der Franchisegeber über alle Internas informiert**

Alle wichtigen Geschäftsdaten sind dem Franchisegeber bekannt, es herrscht große Transparenz zwischen den einzelnen Systempartnern, manchmal allerdings nur in einer Richtung. Franchisesysteme mit vielen Partnern neigen zur Bürokratie. Es besteht die Gefahr, daß die Franchisenehmer nicht betreut, sondern verwaltet werden.

Sozialkritische Aspekte

Bei den am Wirtschaftsprozeß beteiligten Gruppierungen, Verbänden und Interessen gibt es, beispielsweise von den Gewerkschaften, Kritik dahingehend, daß mit Franchise ein Wegfall sozialer Rechte befürchtet wird.

Durch die starken Bindungen an das Franchisesystem seien die Franchisenehmer quasi Pseudounternehmer, letztlich Erfüllungsgehilfen bzw. besondere Angestellte, auf die ein enormes finanzielles Risiko bei eingeschränkt dispositivem Spielraum übertragen werde.

Soziale Errungenschaften wie Mitbestimmung, Kündigungsschutz und andere Arbeitnehmerrechte werden auf diese Weise umgangen.

So wurde z. B. die Anwesenheitspflicht der Franchisenehmer auf die der in den eigenen Betriebsstätten beschäftigten Mitarbeiter ausgedehnt, auch durfte nur Urlaub in den Sommerschulferien genommen werden.

Während fest angestellte Filialleiter feste Einkünfte haben, müßten selbständige Partner alle drei Jahre neu verhandeln. Bei Krankheit des Partners oder seiner Mitarbeiter oder anderer längerer Abwesenheit des Betreibers könnte die Franchisekette mit eigenem Personal auf Kosten des Systempartners das Ladengeschäft geöffnet halten.

Eine Gerichtsentscheidung richtete sich bei Beurteilung dieser Problematik in der Terminologie nicht grundsätzlich gegen Franchisesysteme, sondern grenzte diese von einer Vielzahl möglicher Vertriebsvarianten und Partnervertragsverhältnisse ab.

Tip 1.7

Grundsätzlich gilt: Bei Franchisesystemen muß die Selbständigkeit beider Franchisepartner sichergestellt sein.

1.3.5 Beteiligungen

Eine weitere schon länger bekannte Form des „Selbständigwerdens“ ist durch den Neueintritt einer oder mehrerer Personen in eine bestehende Firma oder Gesellschaft als tätige Teilhaber oder geschäftsführende Gesellschafter zu sehen.

1.4 Voraussetzungen zu einer Existenzgründung

1.4.1 Gewerbefreiheit

In der Bundesrepublik Deutschland sind - von ein paar Ausnahmen abgesehen (z. B. dem Handwerk) - keine speziellen Fachkenntnisse zur Gründung einer Existenz erforderlich. Das bedeutet, daß die Gewerbefreiheit weitgehend vorhanden ist.

Um als Gewerbetreibender tätig zu werden, genügt es meistens, sich bei der Gemeinde, dem Amt für öffentliche Ordnung oder einer entsprechenden Behörde (Gewerbeaufsichtsamt) einen Gewerbeschein ausstellen zu lassen.

Ob solch eine in der Praxis oft angetroffene laienhafte Einstellung genügt, um ohne spezielle Fachkenntnisse und Erfahrungen auf dem Markt und im Wettbewerb zu bestehen, muß bezweifelt werden.

Für den Existenzgründer sind bestimmte

- persönliche,
- fachliche,
- gesetzliche und
- finanzielle

Voraussetzungen erforderlich, um eine sichere Existenz zu planen. Auf das Glück, das sicherlich auch dazugehört, darf er sich nicht ausschließlich verlassen.

1.4.2 Persönliche Voraussetzungen

Sie beziehen sich auf den Existenzgründer selbst und seine unmittelbare Umwelt. So ist für den Existenzgründer die Gesundheit besonders wichtig. Die Existenz darf in den ersten drei Geschäftsjahren in keiner Weise beeinträchtigt oder gefährdet werden.

Tip 1.8

Überprüfen Sie, inwieweit Ihr gesundheitlicher Allgemeinzustand in Ordnung ist. Eventuelle Operationen, Spezialbehandlungen (Zähne) etc. sind in jedem Fall in die Zeit vor der Existenzgründung zu legen.

Um sicherzustellen, daß mindestens in den ersten Jahren keine krankheitsbedingten Ausfälle eintreten, vermeiden Sie bereits in der Vorbereitungsphase jegliche gefährliche und risikobehaftete Tätigkeit, insbesondere Sportarten wie z. B. Fußball, Boxen, Skifahren etc.

Des weiteren trifft für viele Existenzgründer, die nicht einer Gesellschaft aus mehreren Teilhabern zuzurechnen sind (wie z. B. Einzelunternehmer, z. T. auch Kommanditgesellschaft oder beherrschender Gesellschafter einer GmbH), der Grundsatz zu:

Steht während der Existenzgründung und den ersten drei Unternehmensjahren außer dem Gründer selbst ein Ehe- oder vergleichbarer Partner rund um die Uhr zur Verfügung, dürfen der Unternehmensgründung gute Chancen eingeräumt werden.

Tip 1.9

Steht Ihnen ein Ehe- oder gleichwertiger Partner zur Verfügung, sorgen Sie vor und nach der Existenzgründung für eine größtmögliche Harmonie in der Partnerschaft.

Die ersten Jahre sind äußerst anstrengend und erfordern bei ganzem Einsatz starke Nerven und eine ausgesprochene Geduld bei den mit Sicherheit auftretenden Meinungsverschiedenheiten.

1.4.3 Fachliche Voraussetzungen

Nur durch Können, Fleiß, Erfahrungen, Kenntnisse und Fertigkeiten kann eine Unternehmensgründung langfristig gesichert werden. Dilettantismus, Pfusch und Hochstapelei mögen kurzfristig für einen angemessenen Ertrag sorgen, doch Gewährleistungsverpflichtungen, Schadenersatz und ein angekratzter Ruf bringen ein Unternehmen sehr schnell in den Ruin.

Aus diesem Grund überprüfen Sie, ob Ihre fachlichen Qualifikationen mit Ihren gesteckten Unternehmenszielen in Einklang stehen.

1.4.4 Gesetzliche Voraussetzungen

Darüber hinaus sind de jure auch Auflagen von dritter Seite her zu berücksichtigen, z. B. bei freiverkäuflichen Arzneimitteln im Einzelhandel ect.

Folgende Gewerbe unterliegen einer besonderen Erlaubnispflicht:

- Herstellung von Arzneimitteln
- Handel mit Waffen

- Handel mit offener Milch
- Handel mit unedlen Metallen
- Versteigerungsgewerbe
- Bewachungsgewerbe
- Pfandleihergewerbe
- Betreibung von Spielhallen und Automaten
- Fahrschulen
- Altenheime
- Betreibung einer Schank- und Speisewirtschaft
- Vermittlung von Verträgen über Grundstücke, grundstücksgleiche Rechte, gewerbliche Räume und Wohnräume sowie von bestimmten Kapital- und Vermögensanlagen
- Mietwagen- und Taxigewerbe
- Güternahverkehr über 750 kg, Güterfernverkehr und Möbelfernverkehr

Für den Bereich des Handwerks ist die Führung eines Betriebes nur dann erlaubt, wenn er in die Handwerksrolle eingetragen ist. Die Eintragung setzt die Qualifikation des Meisters in eigener Person oder als Betriebsleiter (→1.2 Besonderheiten der einzelnen Wirtschaftsbereiche) voraus.

Bei der Vielzahl der Dienstleistungen können in der Praxis recht schnell Meinungsverschiedenheiten darüber aufkommen, was im einzelnen dem Handwerk zuzurechnen ist oder nicht.

Für die freien Berufe steht die wissenschaftliche, geistige oder künstlerische Tätigkeit im Vordergrund. Auch bei diesen Berufen können Berufszulassungs- und -ausübungsbestimmungen zum Zuge kommen. Dies gilt z. B. bei Architekten, Rechtsanwälten, Steuerberatern und Ärzten.

Tip 1.10

Im Bereich der Dienstleistungen sowie der Servicetätigkeiten ist unbedingt rechtzeitig Auskunft bei der zuständigen HK (Handwerkskammer) oder IHK (Industrie- und Handelskammer) darüber einzuholen, inwieweit die beabsichtigte Dienstleistung eventuell dem Handwerk zuzurechnen ist und damit eine entsprechende Qualifikation erforderlich macht.

1.4.5 Finanzielle Voraussetzungen

Ein Manko vieler Betriebe, selbst wenn sie schon Jahre etabliert sind, bildet die zu geringe Ausstattung mit Eigenkapital.

Eine zu hohe Verschuldung kann bei einer GmbH zu besonderen Problemen (→4.6 GmbH), unter Umständen zum Konkursantrag führen, selbst wenn der Betrieb absolut liquid ist.

Allgemein darf deshalb gesagt werden, daß eine zu geringe Eigenkapitaldecke notwendige Investitionen hemmt und ein Unternehmen zu Lasten von Wettbewerbsvorteilen schnell überaltern läßt.

Aus diesem Grund ist bei Existenzgründungen von vornherein eine ausreichend flüssige, d. h. verfügbare Eigenkapitalbasis notwendig.

Tip 1.11

Das notwendige Eigenkapital, unter dem flüssige und unter Umständen auch Sachwerte verstanden werden können, sollte ja nach Art des Unternehmens bei einer günstigen Finanzierung 20 bis 50%, bei einer eventuellen staatlichen oder Landesfremdfinanzierung 15 bis 20% des erforderlichen Investitionsbedarfes betragen.

Zum Investitionsbedarf (→3.4 Investitionsbedarfsplanung) zählen neben investitioneller Geschäftsausstattung, Kraftfahrzeugen, Maschinen auch Einmalkosten, die unmittelbar mit der Existenzgründung, aber auch mittelbar als laufende Kosten (z. B. Löhne, Sozialabgaben etc.) für 3 bis 6 Monate anfallen.

Eine Eigenfinanzierung gegen 100% bedeutet für den Unternehmer zwar die absolute Unabhängigkeit gegenüber Fremdgeldgebern, wirkt sich jedoch bei Betrachtung der Eigenkapitalrentabilität oft als nicht sinnvoll aus (zu hoher Anteil an Eigenkapital).

Das soll an folgendem Beispiel mit vereinfachten Zahlen näher erläutert werden:

Ein Betrieb ist mit DM 20000,- Eigenkapital ohne Fremdkapital finanziert und erwirtschaftet einen Gewinn von DM 5000,-.

Eigenkapitalrentabilität:

$$\frac{\text{Gewinn} \times 100}{\text{Eigenkapital}} = \frac{5000 \times 100}{20000}$$

Die Ek-Rentabilität beträgt 25%.

Gleiches würde für die Gesamtkapitalrentabilität gelten, bei der das Kapital insgesamt berücksichtigt wird.

Es verhält sich anders, wenn der Betrieb lediglich DM 10000,- Eigenkapital zu einem angenommenen Zinssatz von 10% hinzunehmen würde.

Gesamtkapitalrentabilität:

$$\frac{\text{Gewinn} + \text{FK-Zinsen} \times 100}{\text{Eigenkapital} + \text{Fremdkapital}} = \frac{4000 + 1000 \times 100}{10000 + 10000}$$

Die Gesamtkapitalrentabilität beträgt 25%.

Die Gesamtkapitalrentabilität verhält sich deckungsgleich im Ergebnis mit der zuvor genannten Eigenkapitalrentabilität.

Die Ermittlung der Eigenkapitalrentabilität bei dem zuletzt genannten Beispiel darf jedoch nur den tatsächlich eingesetzten Eigenkapitalanteil berücksichtigen.

$$\frac{\text{Gewinn} + \text{FK-Zinsen} \times 100}{\text{Eigenkapital}} = \frac{4000 + 1000 \times 100}{10000}$$

Die Rentabilität des Eigenkapitals beträgt 50%.

Da die Zinsen zur Bereitstellung des Fremdkapitals den Betrieb verlassen, muß dieser abfließende Zinsanteil ebenfalls die EK-Rentabilität berichtigen.

$$\frac{\text{Gewinn} \times 100}{\text{Eigenkapital}} = \frac{4000 \times 100}{10000}$$

Die bereinigte Eigenkapitalrentabilität beträgt 40%.

Aus diesem Beispiel ist ersichtlich - soweit die betrieblichen Belange es zulassen -, daß ein zu hoher Ek-Anteil die Eigenkapitalrentabilität drückt.

1.5 Hilfen und Stützen bei der Existenzgründung

Für den Existenzgründer steht während der Vorbereitungsphase das Sammeln von Informationen im Vordergrund.

Tip 1.12

Je mehr Informationen in der Vorbereitungsphase über den Unternehmensinhalt sowie über Markt-, Finanzierungs- und Wettbewerbsverhältnisse gesammelt werden, desto geringer wird nach Unternehmensgründung das Risiko einer Fehleinschätzung.

Zu diesem Zweck bieten sich dem Existenzgründer verschiedene Möglichkeiten an.

> **Tip 1.13**
>
> Besuchen Sie Spezialseminare, die von den zuständigen Industrie- und Handelskammern, Handwerkskammern oder eventuell auch von auf Existenzgründung spezialisierten Unternehmensberatungen angeboten werden.

Die Seminare sollten mindestens 8 Stunden umfassen und über einen ganzen Tag oder mehrere Abende verteilt folgende Inhalte abdecken:

- Marktuntersuchungen
- Standortanalyse
- Umsatzplanung
- Ertragsplanung
- Investitionsbedarfsplanung
- Finanzierung
- Unternehmensform
- Bürotechnologien
- Altersversorgung
- Personalwesen
- Rechnungswesen

Sofern über Seminare die ersten Informationsbedürfnisse des Existenzgründers befriedigt wurden und er nach Überprüfung aller Eventualitäten seine Vorstellungen bestätigt sieht, kann er sich im einzelnen gezielt auf die Unternehmensgründung vorbereiten.

> **Tip 1.14**
>
> Eine erfolgreiche Unternehmensgründung - will sie sicher vorbereitet werden - erfordert eine Vorbereitungszeit von mindestens 3 bis 12 Monaten. Möchten Sie Ihre Unternehmensgründungspläne in die Realität umsetzen, überstürzen Sie nichts und kalkulieren Sie ausreichend Zeit ein.

Mit dem Referat Gewerbeförderung Ihrer zuständigen Industrie- und Handelskammer oder Handwerkskammer sollte ein Gespräch angestrebt werden. Die Berater sind geschult und können Ihnen meist durch entsprechende Kontrollfragen gezielt helfen. Vorliegende Erfahrungen der Kammern sollten bei Ihrer Existenzgründung nicht außer acht gelassen werden.

Darüber hinaus sollten Erkundigungen bei Unternehmensberatern, die Ihnen bei Ihrem Vorhaben behilflich sein können, eingeholt werden. Sofern Sie sich mit Produktionsverfahren oder speziellen Technologien beschäftigen, sind sogenannte Innovationsberater hinzuzuziehen. Lassen Sie sich in beiden Fällen vorher Referenzen vorlegen und überprüfen Sie diese.

Für erstmalige Existenzgründer, d. h. Personen, die im Sinne des Einkommensteuergesetzes nie Einkünfte aus selbständiger Tätigkeit erhalten und sich nie einen Gewerbeschein haben ausstellen lassen, hat der Staat Unterstützungsmöglichkeiten durch bezuschußte Beratungen für Existenzgründungen in der **gewerblichen Wirtschaft** geschaffen.

Tip 1.15

Nutzen Sie für Ihr Vorhaben in der gewerblichen Wirtschaft eventuelle staatliche Zuschüsse zu einer Existenzgründungsberatung.

Solche Zuschüsse sollten nicht unberücksichtigt bleiben, denn sie helfen, die Kosten der Beratungshilfen zu senken.

Tip 1.16

Unternehmensberatungen sollten bei Innovationen, beim Einsatz neuer Technologien im Produktionsbereich oder von Gründern, die zu geringe betriebswirtschaftliche Kenntnisse besitzen, in Anspruch genommen werden.

Anspruchsgrundlage zu zuschußfähigen Beratungen sind die jeweils gültigen Richtlinien über die Förderung von Unternehmensberatungen für kleine und mittlere Unternehmen, herausgegeben vom Bundesminister für Wirtschaft [2].

Auszugsweise werden die für einen Existenzgründer relevanten Punkte aus den oben genannten Richtlinien aufgeführt:

(1) Zuwendungszweck

(1.1) Die Unternehmensberatung ist ein wichtiges Instrument zur Steigerung der Leistungs- und Wettbewerbsfähigkeit kleiner und mittlerer Unternehmen und zum Ausgleich größenbedingter Nachteile. Um diesen Unternehmen einen Anreiz zur Inanspruchnahme von externen Beratungen zu geben, können ihnen - unter Beachtung des Grundsatzes der Hilfe zur Selbsthilfe - Zuwendungen zu den Beratungskosten nach Maßgabe dieser Richtlinien und der Vorläufigen Verwaltungsvorschriften zu den §§ 44, 44a der Bundeshaushaltsordnung gewährt werden. Das gleiche gilt für Existenzgründungsberatungen.

(1.2) Auf die Gewährung der Zuwendungen besteht kein Rechtsanspruch. Die Bewilligungsbehörde (Nr. 6.5) entscheidet aufgrund ihres pflichtgemäßen Ermessens im Rahmen der verfügbaren Haushaltsmittel.

(2) Gegenstand der Förderung

(2.1) Förderungsfähig sind

(2.1.1) Beratungen über alle wirtschaftlichen, technischen, finanziellen und organisatorischen Probleme der Unternehmensführung sowie Beratungen zur unternehmerischen Anpassung an den EG-Binnenmarkt (allgemeine Beratungen);

(2.1.2) Beratungen vor der Gründung einer selbständigen gewerblichen Existenz (Existenzgründungsberatungen);

(2.1.3) Beratungen zur Bewältigung der für die Betriebe aus dem Schutz der Umwelt resultierenden Probleme (Umweltschutzberatungen);

(2.1.4) Beratungen über wirtschaftliche, technische und organisatorische Fragen im Zusammenhang mit einer sparsamen und rationellen Energieverwendung (Energieeinsparberatungen).

(2.2) Die Beratung muß sich auf bestehende oder zu gründende Unternehmen mit Sitz und Geschäftsbetrieb in der Bundesrepublik Deutschland und Berlin (West) beziehen.

(2.3) Von der Förderung ausgeschlossen sind

(2.3.1) Beratungen, die sich überwiegend auf Rechts-, Versicherungs- und Steuerfragen oder auf die Erlangung öffentlicher Hilfen beziehen;

(2.3.2) Beratungen, deren wesentlicher Zweck auf den Vertrieb von bestimmten Waren oder Dienstleistungen gerichtet ist;

(2.3.3) die Aufstellung baureifer Neu- und Umbaupläne, die Übernahme von Ausschreibungen, Angebotsbearbeitungen, die Ausarbeitung von Verträgen, die Aufstellung von Jahresabschlüssen (Bilanz, Gewinn- und Verlustrechnung), Buchführungsarbeiten sowie die Erarbeitung von EDV-Software;

(2.3.4) gutachterliche Stellungnahmen, Qualitätsprüfungen sowie technische, chemische und ähnliche Untersuchungen, sofern sie überwiegender Teil einer Beratung nach Nummer 2.1 sind;

(2.3.5) Akquisitions- und Vermittlungstätigkeiten sowie Tätigkeiten des laufenden Geschäftsbetriebs einschließlich des Managements auf Zeit;

(2.3.6) Beratungen, die aus anderen öffentlichen Mitteln finanziert werden (Kumulierungsverbot).

(3) Zuwendungsempfänger

(3.1) Antragsberechtigt sind

(3.1.1) bei allgemeinen Beratungen und Umweltschutzberatungen: rechtlich selbständige Unternehmen der gewerblichen Wirtschaft, die im letzten Geschäftsjahr vor der Antragstellung die nach Anlage 1 maßgebliche Umsatzgrenze nicht überschritten haben;

(3.1.2) bei Existenzgründungsberatungen: natürliche Personen, die sich im Bereich der gewerblichen Wirtschaft durch Gründung eines neuen Unternehmens, Übernahme eines bestehenden Unternehmens oder tätige Beteiligung an einem Unternehmen selbständig machen wollen;

(3.1.3) bei Energieeinsparberatungen: rechtlich selbständige Unternehmen der gewerblichen Wirtschaft sowie Betriebe des Agrarbereichs, die im letzten Geschäftsjahr vor der Antragstellung die nach Anlage 1 maßgebliche Umsatzgrenze nicht überschritten haben.

(3.2) Nicht antragsberechtigt sind Unternehmen, die im Mehrheitsbesitz (über 50%) eines oder mehrerer anderer Unternehmen stehen oder an anderen Unternehmen mit Mehrheit beteiligt sind, wenn die Gesamtsumme der Jahresumsätze aller Unternehmen die nach Nr. 3.1.1 bzw. Nr. 3.1.3 maßgebliche Umsatzgrenze übersteigt. Das gleiche gilt für Unternehmen, deren Inhaber oder mit Mehrheit beteiligte Gesellschafter andere rechtlich selbständige Unternehmen besitzen oder daran mit Mehrheit beteiligt sind. Nicht antragsberechtigt sind ferner Unternehmen, an denen juristische Personen des öffentlichen Rechts oder Religionsgesellschaften mit Mehrheit beteiligt sind.

(4) Bewilligungsvoraussetzungen

(4.1) Es können nur Beratungen gefördert werden, die von selbständigen Beratern oder von Beratungsunternehmen (im folgenden Berater genannt) durchgeführt werden, die die für den Beratungsauftrag erforderlichen Fähigkeiten besitzen sowie über die notwendige Zuverlässigkeit verfügen und deren überwiegender Geschäftszweck auf entgeltliche Unternehmensberatung gerichtet ist. In begründeten Fällen kann die Bewilligungsbehörde (Nr. 6.5) dem Antragsteller eine Ausnahmegenehmigung für die Beratung durch einen nicht selbständigen Berater erteilen. Im übrigen ist die Auswahl des Beraters dem Antragsteller überlassen.

(4.2) Es sind nur Beratungen nach Nr. 2 förderungsfähig, die sich im Rahmen dieser Richtlinien nach dem Beratungsauftrag richten.

(4.2.1) Durch allgemeine Beratungen und Energieeinsparberatungen sollen unternehmerische Entscheidungen vorbereitet, konkrete Verbesserungsvorschläge entwickelt sowie im Zusammenhang damit Anleitungen zu ihrer Umsetzung gegeben werden (konzeptionelle Beratung).

(4.2.2) Durch Existenzgründungsberatungen sollen Entscheidungshilfen für die Vorbereitung und Durchführung des beabsichtigten Gründungsvorhabens gegeben werden; insbesondere soll geklärt werden, ob und auf welche Weise das Gründungsvorhaben zu einer tragfähigen Vollexistenz führen kann.

(4.2.3) Durch Umweltschutzberatungen sollen die Betriebe in den Stand versetzt werden, den gestiegenen Umweltbelastungen, einem erhöhten Umweltbewußtsein und verschärften Umweltvorschriften durch wirtschaftliche, technische und organisatorische Maßnahmen Rechnung zu tragen.

(4.2.4) Energieeinsparberatungen sollen sich nach Inhalt und Ablauf an den VDI-Richtlinien „Energieberatung für Industrie und Gewerbe" (VDI 3922) orientieren. In diesem Rahmen sollen insbesondere die Energieverbrauchsschwerpunkte des Unternehmens aufgezeigt und die vorgeschlagenen Energieeinsparmaßnahmen nach ihrer Wirtschaftlichkeit und den zu erwartenden Einsparerfolgen bewertet werden.

(4.3) Inhalt und zeitlicher Ablauf der Beratung sowie deren wesentliche Ergebnisse sind in einem schriftlichen Beratungsbericht wiederzugeben. Der Beratungsbericht ist dem Antragsteller auszuhändigen.

(4.3.1) Bei allgemeinen Beratungen, Energieeinsparberatungen und Umweltschutzberatungen soll der Beratungsbericht in der Regel eine Analyse der Situation des beratenen Unternehmens und der ermittelten Schwachstellen sowie die konkreten Verbesserungsvorschläge enthalten.

(4.3.2) Bei Existenzgründungsberatungen muß der Beratungsbericht eine umfassende Prüfung des beabsichtigten Gründungsvorhabens dokumentieren, insbesondere ob und auf welche Weise das Vorhaben zu einer tragfähigen Vollexistenz führen kann.

(4.4) Der Zuschuß kann nur gewährt werden, wenn der Antragsteller die in Rechnung gestellten Beratungskosten (einschließlich Umsatzsteuer) vor Antragstellung in voller Höhe bezahlt hat.

(5) Art und Umfang, Höhe der Zuwendung

(5.1) Die Förderung besteht in der Gewährung eines Zuschusses zu den dem Antragsteller vom Berater in Rechnung gestellten Beratungskosten. Zu den Beratungskosten gehören neben dem Honorar auch die Auslagen und Reisekosten des Beraters, nicht jedoch die Umsatzsteuer.

(5.2) Der Zuschuß wird als Projektförderung in Form einer Anteilfinanzierung gewährt.

(5.3) Bei Existenzgründungsberatungen beträgt der Zuschuß 60% der in Rechnung gestellten Beratungskosten, höchstens jedoch 2500,- DM.

(5.4) Bei allgemeinen Beratungen innerhalb von zwei Jahren nach der Existenzgründung (Existenzaufbauberatungen) beträgt der Zuschuß 60% der in Rechnung gestellten Beratungskosten, höchstens jedoch 3000,- DM.

(5.5) Bei den übrigen allgemeinen Beratungen, bei Energieeinsparberatungen und Umweltschutzberatungen beträgt der Zuschuß 50% der in Rechnung gestellten Beratungskosten, höchstens jedoch 3000,- DM.

(5.6) Pro Antragsteller können während der Geltungsdauer dieser Richtlinien insgesamt Zuschüsse bis zu folgenden Höchstbeträgen gewährt werden:

(5.6.1) für Existenzgründungsberatungen bis zu 2500,- DM;

(5.6.2) für allgemeine Beratungen einschließlich Existenzaufbauberatungen und EG-Binnenmarktberatungen bis zu 6000,- DM;

(5.6.3) für Energieeinsparberatungen und Umweltberatungen jeweils bis zu 6000,- DM.

(5.7) Vom Berater gewährte Rabatte oder Nachlässe auf die Beratungskosten sind nicht zuschußfähig. Werden Rabatte oder Nachlässe nachträglich gewährt, so ist dies der Leitstelle vom Antragsteller unverzüglich mitzuteilen. Die Zuschußberechnung erfolgt auf der Basis des entsprechend verminderten Rechnungsbetrages. Ergibt sich danach ein geringerer Zuschuß, so ist die Differenz gegenüber dem bereits ausgezahlten Zuschuß vom Antragsteller zurückzuerstatten.

(6) Verfahren

(6.1) Anträge auf die Gewährung eines Zuschusses zu den Beratungskosten sind nach Abschluß der Beratung bei einer vom Bundesminister für Wirtschaft zugelassenen Leitstelle durch den Antragsteller einzureichen.

(6.2) Die Leitstellen können ihre Aufgaben in Ausnahmefällen auf vom Bundesminister für Wirtschaft zugelassene Erfüllungsgehilfen übertragen. Die Leitstellen und Erfüllungsgehilfen sind in Anlage 2 aufgeführt.

(6.3) Der Zuschußantrag ist auf einem vollständig ausgefüllten Formblatt nach Anlage 3 zu stellen. Dem Antrag ist eine Durchschrift oder Fotokopie der Rechnung des Beraters sowie ein Exemplar des Beratungsberichts beizufügen. Diese Unterlagen müssen der Leitstelle spätestens bis zum 31. Mai des auf den Beginn der Beratung folgenden Jahres vorgelegt werden. Andernfalls wird kein Zuschuß gewährt.

(6.4) Die Leitstelle überprüft den Antrag und die eingereichten Unterlagen und leitet sie mit dem Ergebnis der Prüfung an die Bewilligungsbehörde (Nr. 6.5) weiter.

(6.5) Bewilligungsbehörde ist das Bundesamt für Wirtschaft, Frankfurter Straße 29–31, 6236 Eschborn/Ts. Es entscheidet über die Bewilligung des Zuschusses und veranlaßt die Auszahlung an den Antragsteller.

(6.6) Für die Bewilligung, Auszahlung und Abrechnung des Zuschusses sowie für den Nachweis und die Prüfung der Verwendung sowie die ggf. erforderliche Aufhebung des Zuwendungsbescheids und die Rückforderung des gewährten Zuschusses gelten die Vorläufigen Verwaltungsvorschriften zu den §§ 44, 44a der Bundeshaushaltsordnung, soweit nicht in diesen Richtlinien Abweichungen zugelassen sind.

(6.7) Der Antrag gilt gleichzeitig als Verwendungsnachweis.

(7) Subventionserhebliche Tatsachen

Die subventionserheblichen Tatsachen im Sinne des § 264 des Strafgesetzbuches sind im Zuschußantrag bezeichnet.

(8) Inkrafttreten, Übergangsregelung

(8.1) Diese Richtlinien treten am 1. Januar 1990 in Kraft. Sie gelten für die nach diesem Zeitpunkt begonnenen Beratungen.

(8.2) Zuschußanträge für Beratungen, die bis einschließlich 31. Dezember 1989 begonnen worden sind, können längstens bis zum 31. Mai 1990 gestellt werden. In diesen Fällen erfolgt die Bezuschussung noch nach den Bestimmungen der Richtlinien vom 6. Dezember 1984.

(8.3) Diese Richtlinien gelten längstens für Zuschußanträge, die bis zum 31. Dezember 1994 gestellt werden.

2. Strukturierte Fixierung zur Existenzgründung

Der Existenzgründer sollte sich zu Beginn seines Vorhabens eine Übersicht, aus der fachliche Qualifikationen, Fähigkeiten, Fertigkeiten und Kenntnisse zu erkennen sind, erstellen. Nach dem Zusammentragen der verschiedenen fachlichen Informationen sind diese zu strukturieren. Die chronologische Reihenfolge der Daten kann durch die Einfügung und Beschreibung von Abhängigkeiten und Anordnungsbeziehungen einzelner Tätigkeiten untereinander wirksam unterstützt werden.

Beispiel: Ein Berufswechsel, ein Firmenwechsel bzw. ein Arbeitsplatzwechsel in der gleichen Firma war für die gesamte berufliche Entwicklung aus einem noch näher aufzuführenden Grund nützlich.

Der Existenzgründer soll bei Erstellung dieser Unterlagen nichts beschönigen, aber auch nichts weglassen.

Diese Informationen können für die Bereiche der fachlichen Selbstdarstellung bei späteren Anfragen durch Interessenten an den Firmengründer bzw. die neue Firma, aber auch als Vor- bzw. Leitbild des Geschäftsführers in der Vorgesetztenfunktion seinen Mitarbeitern gegenüber dienen.

2.1 Entwicklung und Training besonderer Persönlichkeitsmerkmale

Die Gründung eines Unternehmens steht und fällt mit der Person des Unternehmensgründers und der Ausprägung bestimmter, für ihn vorteilhafter und notwendiger Persönlichkeitsmerkmale.

Vor allem in der Gründungsphase mit ihren intensiven Gesprächen mit Kunden, Lieferanten und u. U. Mitbewerbern muß der Unternehmensgründer besonderen Wert auf sein persönliches Auftreten legen. Da er in dieser Zeit häufig starken Streßsituationen ausgesetzt ist, wird ein Persönlichkeitstraining erforderlich, ja unerläßlich.

Folgende Merkmale sollten beim Existenzgründer ausgeprägt sein bzw. trainiert werden:

- strukturierte Identifikation mit den betrieblichen Aufgaben;
- Trennung des Wesentlichen vom Unwesentlichen;
- Entschlußfreudigkeit bei der Festlegung von kurz-, mittel- und langfristigen Unternehmenszielen;

- Sicherheit in der Definition von Strategien und deren Zielerreichung;
- Kontakt- und Kommunikationsfähigkeit (Telefonangst);
- initiatives Handeln;
- Ausdauer, Zähigkeit, Durchhaltevermögen;
- psychische Belastbarkeit;
- Eigen- und Fremdmotivation.

Tip 2.1

Überprüfen Sie im Eigenstudium selbstkritisch die vorgenannten Punkte. Erkennen Sie realistisch Ihre Schwächen und versuchen Sie, diese abzubauen.

2.2 Schaffung der physischen und psychischen Voraussetzungen zur Existenzgründung

Belastungen aller Art - Streß und betrieblich bedingte Situationen - können zwar zu Gegensätzlichkeiten und Meinungsverschiedenheiten zwischen dem Existenzgründer und seinen Familienmitgliedern führen, jederzeit aber muß er sicher sein, daß er die erforderliche Unterstützung - physisch und psychisch - vom Ehepartner bzw. der ganzen Familie erwarten kann.
Die Fremdmotivierung durch bisherige Mitarbeiter und Vorgesetzte muß jetzt durch eine notwendige und wichtige Eigenmotivierung, besonders in den ersten Monaten, ersetzt werden.

2.3 Überprüfung des bisherigen Arbeitsverhältnisses

Existenzgründer geraten immer wieder dadurch in Schwierigkeiten, daß sie fortwirkende vertragliche Bedingungen, wie z. B. Wettbewerbsverbote, die in den Beschäftigungsverträgen zwischen ihm und dem letzten Arbeitgeber bestehen, nicht kennen oder nicht beachten. Die daraus folgenden Streitigkeiten und Prozesse sind aber auf jeden Fall zu vermeiden; sie schädigen in den meisten Fällen den Existenzgründer.

Tip 2.2

Bitte überprüfen Sie, inwieweit Wettbewerbsverbote oder Anspruch auf Sonderurlaub, vorzeitige Freistellung sowie Rückzahlungsverpflichtungen von Darlehen bzw. Sonderleistungen (wie z. B. Beihilfe zu Umzügen, Weiterbildungsveranstaltungen etc.) in Ihren Arbeitsverträgen noch nach einer Kündigung bestehen.

3. Das Exposé

Nach Definition Ihrer Geschäftsidee und Festlegung der Geschäftsziele sind zur Argumentation bei Banken, Kammern, eventuellen Lieferanten und sonstigen Interessenten weitere Angaben über Ihre Geschäftsideen notwendig.

Diese Angaben werden in Form eines Exposés erstellt; es sollte enthalten:

- Angaben zum Unternehmen, wie Inhalt und Absatzmöglichkeiten der Produkte der zu gründenden Firma
- Angaben zur Person (Lebenslauf) des Gründers
- Erlös- und Kostenplanung der ersten drei Geschäftsjahre
- Erläuterungen zur Planung
- Spezifizierung einzelner Waren- und Artikelgruppen
- Investitionsbedarfsplan
- persönliche Vermögensverhältnisse (Selbstauskunft)
- nach Bedarf Kopien von Zeugnissen
- Kopien von Unterlagen, durch die Vermögensverhältnisse glaubhaft gemacht werden können (persönliche Vermögensverhältnisse interessieren nur Banken und keine Lieferanten)

Tip 3.1

Dieses Exposé sollte in Loseblattform in mehrfacher Ausfertigung angelegt werden, um entsprechenden Bedürfnissen und Anforderungen nachkommen zu können.

3.1 Angaben zum Unternehmensgegenstand

Zur Argumentation bei Banken, Geschäftspartnern und -freunden ist eine klare, knappe Beschreibung des Unternehmensgegenstandes wichtig.

Der Existenzgründer muß nämlich in der Lage sein, auch in Streßsituationen Fragen nach Inhalt und Aufgaben seines Unternehmens in ruhigem und überzeugendem Ton und ohne Stottern und Faseln zu beantworten.

Aus diesem Grund und als Orientierungshilfe für Dritte wird im Exposé mit der Beschreibung des Unternehmens begonnen.

> **Tip 3.2**
> Die Beschreibung des Unternehmensgegenstandes vermittelt in knapper Form wesentliche Aufgaben und Ziele des Unternehmens. Die Beschreibung soll im Regelfall eine DIN A 4-Seite nicht überschreiten.

Der Existenzgründer sollte bei der Formulierung von Schriftstücken über das Unternehmen (Prospekt, Beschreibungen etc.) sowie im allgemeinen Schriftverkehr einen knappen, sachlichen und überzeugenden Stil verwenden und dabei auf überflüssige Floskeln verzichten.

Beispiel, wie man es nicht machen sollte

„Die Grundüberlegungen für den Weg in die berufliche Selbständigkeit sind einerseits materieller Natur, indem durch höhere Leistung ein größeres Einkommen erzielt werden soll, um damit den erreichten Wohlstand mindestens zu halten, nach Möglichkeit aber zu steigern. Andererseits sind die immateriellen Gründe nicht weniger wichtig für die Entscheidung. Weitgehende finanzielle Unabhängigkeit führt zu mehr persönlicher Gestaltungs- und Entfaltungsfreiheit und höherem Ansehen. Nicht zuletzt seien die besseren Möglichkeiten der Mitgestaltung und Mitentscheidung im kulturellen, gesellschaftlichen und politischen Lebensraum erwähnt.

Die seit Jahren bestehende Neigung zu selbständigem Handeln verstärkte sich durch die Teilnahme an freiwilligen und außerberuflichen Fort- und Weiterbildungsmaßnahmen sowie durch aktives Mitwirken in Vereinen, Partei und Stadtrat. Hinzu kommt, daß auch jahrelang die beruflichen Aktivitäten über das normale Maß eines Arbeitsverhältnisses hinausgingen.

Obwohl keine grundsätzliche Abneigung gegen ein abhängiges Arbeitsverhältnis besteht (es gibt genügend Vorteile), sind doch gewisse Widerstände vorhanden, die die eigenen Aktivitäten und Vorstellungen nicht oder nur teilweise zum Zuge kommen lassen. Hinzu kommen die in einem Unternehmen mit bestimmter Größenordnung unumgänglichen hierarchischen Strukturen sowie die damit verbundenen verzögerten Entscheidungsprozesse.

Sowohl die beruflichen Erfahrungen und Kontakte als auch die Beobachtungen von ehemaligen Kollegen haben den Gedanken an eine Existenzgründung im Bereich der Datenverarbeitung schon vor Jahren aufkommen lassen.

Die Entwicklung auf dem Sektor Datenverarbeitung allgemein und Kommunikation speziell mit der zunehmenden Integration der einzelnen Bereiche, aber auch die direkte Beschäftigung mit diesem Thema haben letztlich den Ausschlag für die Entscheidung gegeben, diese Art der Unternehmensgründung zu wählen.

Es handelt sich hierbei um ein Dienstleistungsunternehmen mit folgenden Tätigkeits-Schwerpunkten:

- Einrichtung eines Datenverarbeitungszentrums
- Beratung und Schulung
- Vermittlungsgeschäfte

Das Schwergewicht der Tätigkeit soll eindeutig beim DV-Service liegen, erstens, weil in diesem Bereich relativ schnell Kunden gewonnen und somit Umsatz getätigt werden kann, und zweitens, weil hier relativ schnell Arbeitsplätze geschaffen werden können (vorwiegend Teilzeitbeschäftigung für Frauen).

Der Bereich Beratung und Schulung wird sich nicht zuletzt auch in Abhängigkeit von der erfolgreichen Einführung des ersten Vorhabens entwickeln und bedarf mit Sicherheit einer differenzierten Akquisition.

Der Bereich Vermittlungsgeschäfte wird im Prinzip nur deshalb genannt und geführt, damit ggf. schwer berechenbare Beratungsleistungen abgegolten werden können."

Empfehlenswertes Beispiel

Angaben als Grundlage zur Finanzierung einer Unternehmensgründung in tabellarischer Form:

Art des zu gründenden Unternehmens:	Handwerksbetrieb
Branche:	XYZ-Handwerk
Spezifischer Bereich:	XYZ-Bau
Produkterstellung allgemein:	Fenster, Türen und Fassaden als Rahmenkonstruktion aus stranggepreßten System-Alu-Profilen, Rahmenfüllungen mit Einfach-, Wärmeschutz-, Schallschutz-, Sonnenschutz-, Feuerschutz- und Panzerglas sowie Paneelaufbauten nach den entsprechenden Anforderungen
Anwendungsbereich der Produkte:	private Wohnhäuser, Geschäftsfassaden, Eingangsanlagen allgemein
Leistungserstellung:	Anfertigung, Lieferung und Montage

davon Fremdleistungen:	Blechschneide- und Biegearbeiten, Oberflächenbehandlung und Beschichtung
davon Kaufteile bzw. Elemente:	Alu-Profile, Beschläge (Schlösser, Schließer, Bänder usw.), Bleche (Alu-Bleche, Stahlbleche)
Systemhersteller, mit denen eine Zusammenarbeit angestrebt wird:	XYZ-Werke
Kundenkreis:	private Kunden, Handel, Handwerk, Industrie und öffentliche Hand
Einzugsbereich (geographisch):	vom Standort zentral ausgehend in den Städten XYZ und angrenzenden Landkreisen
Produkterstellung spezifisch:	einbruchhemmende und schußsichere Fenster- und Türelemente aus Systemprofilen
Anwendungsbereich:	Sicherheitszonen im öffentl. Bereich wie z. B. bei Kriminalämtern, Justizbehörden, Vollzugsanstalten, Polizeistationen, EDV-Datenschutzbereichen, privaten Sicherheitszonen, Bankenfassaden
Leistungserstellung (nur mit Verarbeitungslizenz):	Anfertigung, Lieferung und Montage
Leistungserstellung (ohne Verarbeitungslizenz):	Lieferung und Montage
davon Fremdleistungen:	Blechschneide- und Biegearbeiten, Oberflächenbehandlungen und Beschichtung
davon Kaufteile:	Systemprofile, Beschläge
Systemhersteller, mit denen eine Zusammenarbeit angestrebt wird:	XYZ-Werke
Kundenkreis:	wie vor unter Produkterstellung allgemein
Einzugsbereich (geographisch):	wie vor unter Produkterstellung allgemein

3.2 Angaben zur Person (Lebenslauf)

Nachdem durch das Exposé Aufbau, Aufgaben und Ziele des zu gründenden Betriebes vorgestellt wurden, ist mit dem nächsten Schritt der Person des Unternehmensgründers und den erforderlichen Qualifikationen Beachtung zu schenken.

Zu diesem Zweck erstellt der Existenzgründer einen Lebenslauf, in dem neben allgemeinen persönlichen Daten der beruflichen Qualifikation eine besondere Bedeutung zukommt.

Tip 3.3

Bei der Gestaltung des Lebenslaufes ist besonders darauf zu achten, daß aus den Aufführungen einzelner Berufs- und Ausbildungsabschnitte die systematische Hinwendung zur Existenzgründung erkennbar wird.

Der Lebenslauf soll nichts beschönigen, sollte aber alle wesentlichen Dinge, die mit der Existenzgründung mittel- oder unmittelbar zu tun haben, enthalten.
Aus dem Lebenslauf muß hervorgehen, daß eine Unternehmensgründung kein Experiment, sondern eine qualifizierte, systematische Fortsetzung der bisherigen beruflichen Entwicklung darstellt.
Auch im Lebenslauf ist eine sachliche, knappe, tabellarische Darstellungsform vorzuziehen.

Beispiel

Name:	Otto Müller
Geburtstag u. -ort:	08. 12. 1941 in Oberdorf
Familienstand:	verheiratet seit 1964
Ehefrau:	Christiane, geb. 1942
Kinder:	1 Tochter, Melanie, 14 Jahre 1 Sohn, Thomas, 13 Jahre
Wohnung:	Parkstraße 12
Wohnort:	8000 München
Schule:	Volksschule Oberdorf von 1948 bis 1956
Lehre:	Werkzeugmacherlehre mit abgeschlossener Facharbeiterprüfung von 1956 bis 1959 bei Hausmann KG

Facharbeiter:	Werkzeugmacher bei Lehrfirma bis 1963 und anschließend bis 1966 bei der Firma Kellermann GmbH
Berufl. Fortbildung:	Besuch der Technikerschule Weststadt von 1966 bis 1968 mit Abschluß als Maschinenbautechniker
Berufspraxis Techniker:	von 1968 bis 1971 Konstrukteur bei der Firma Seller
Berufl. Fortbildung:	Betriebswirtschaftliches Fachinstitut Stuttgart von 1971 bis 1973 mit Abschluß „Technischer Betriebswirt" BFS
Berufspraxis Techn. Betriebswirt:	Bei der Firma Weber von 1973 bis dato in ungekündigter Stellung; 150 Mitarbeiter, davon 100 Angestellte und gewerbliche Arbeitnehmer, 15 Meister, 35 Auszubildende

3.3 Umsatzplanung

Bei der Umsatzplanung wird der Existenzgründer mit den ersten betriebswirtschaftlichen Berechnungen konfrontiert.

Sie erfüllt zwei Aufgaben:

In der Vorbereitungsphase zwingt die Umsatzplanung zu ersten realistischen Überlegungen über die Sortimentsgestaltung, den Warenumschlag und das Angebot von Dienstleistungen. Sie ist für die erste Feststellung des erforderlichen Kapitals von erheblicher Bedeutung.

Zum zweiten soll nach der Unternehmensgründung ein permanenter Soll-Ist-Vergleich zwischen geplanten und tatsächlich eingetretenen Kosten und Erlösen durchgeführt werden.

Unternehmensgründern, denen solche betriebswirtschaftlichen Hilfen fremd sind und die meinen, auf Planung und Soll-Ist-Überprüfung verzichten zu können, sollten ihr Gründungsvorhaben auf jeden Fall noch einmal überdenken.

Denn unternehmerischer Erfolg liegt nicht im Glück, sondern vor allem in der systematischen Entscheidungsvorbereitung begründet.

Jede Planung unterliegt - dies gilt besonders für Existenzgründer - einem unkalkulierbaren Risiko. So fehlen oft Vergleichs- und Erfahrungswerte. Selbstein- und oft Überschätzungen führen zu einem zu optimistischen Bild, dem häufig Resignation in der Realität folgt.

Etwas leichter fällt es den Existenzgründern, die bestehende Betriebe übernehmen. Diese Unternehmen können in der Vorbereitungsphase besonders unter die Lupe genommen werden. Denn Markt- und Kaufverhalten, Kunden- und Lieferantengepflogenheiten sind bekannt und können überprüft werden. Nicht selten bietet sich die Möglichkeit, für eine Orientierungs- oder Übergangszeit in diesem Betrieb mitzuarbeiten.

Schwieriger und riskanter sieht es auf den Unternehmensgebieten aus, die ein Novum darstellen und in denen der Lieferanten- und Kundenmarkt erst erschlossen werden muß. Fehleinschätzungen sorgen für Überraschungen, denen mit der Planung bereits rechtzeitig Rechnung getragen werden sollte.

Tip 3.4

Die Umsatzplanung soll bei der Existenzgründung die ersten zwei bis drei Geschäftsjahre abdecken und nach Warengruppen oder Umsatzträgern differenziert werden.

Je nach Art des Unternehmens sollte man zwei bis zehn Umsatzgruppen unterscheiden, die sich aufgrund der Ungleichartigkeit der Produkte oder Dienstleistungen ergeben.

Beispiel

- Produktgruppe A = Personalcomputer
- Produktgruppe B = Peripherie
- Produktgruppe C = Electronic Mail
- Produktgruppe D = Zubehör Handelsware
- Produktgruppe E = Zubehör Eigenentwicklung
- Produktgruppe F = sonstige Dienstleistungen

Bei der Definition und Einteilung des Planungszeitraumes sollte von einer Differenzierung nach Monaten abgegangen werden, da diese Einteilung eine zu hohe Fehlerquelle in den Prognosen aufweist. Besser hat sich eine Quartalsbetrachtung bewährt.

Eventuelle saisonale Einflüsse, Sommer- und Wintergeschäfte und vorhersehbare Flauten können dabei berücksichtigt sowie monatliche Unebenheiten nivelliert werden.

Neben dieser schematischen Beschränkung auf bis zu 12 Quartale (→3.5 Kosten- und Ertragsplanung) ist der variantenreichen Betrachtung und Verwendung einer optimistischen **und** pessimistischen Umsatzentwicklung höhere Beachtung zu schenken.

Tip 3.5

Ermitteln Sie nach Ihrer ersten Umsatzplanung in einem zweiten Durchgang für die einzelnen Quartale und Produktgruppen pessimistische Umsatzgrößen.

Die Umsatzrealität bewegt sichnicht selten zwischen den pessimistischen Planzahlen und den nach der ursprünglichen Planung errechneten Mittelwerten.

Erstellen Sie neben der tabellarischen Darstellung der Umsätze Ihrer geplanten Jahre in einer Fußnote oder als Anhang eine Kurzbeschreibung zu den einzelnen Produktgruppen, sofern diese aus der Art der Benennung heraus nicht eindeutig erkennbar sind.

Tip 3.6

Bilden Sie Ihre Umsatzschätzung zunächst ohne Rücksicht auf eventuelle bekannte oder angenommene feste wiederkehrende Kosten.

Zu einem späteren Zeitpunkt wird der Kostenstruktur durch einen permanenten Vergleich zwischen Umsätzen und Kosten um so intensiver Rechnung getragen.

Lassen Sie sich zwischen dem Erstellen der Umsatzplanung und der Ermittlung der Kosten- und Ertragsplanung Zeit (ein paar Tage oder eine Woche); gewinnen Sie Abstand von dem einen (Umsatzplanung), bevor Sie das nächste (Kosten- und Ertragsplanung) in Angriff nehmen. Am besten widmen Sie sich zwischenzeitlich anderen, ebenso wichtigen Themen (→3.4 Investitionsbedarfsplanung).

3.4 Investitionsbedarfsplanung

Wer ein Unternehmen gründen will, muß zunächst investieren. In der Regel entstehen unmittelbar mit der Gründung beträchtliche finanzielle Belastungen für den Existenzgründer, die ihn oft davon abhalten, diesen Schritt zu tun. Anreize zu Unternehmensgründungen sollen deshalb „Öffentliche Hilfen für Existenzgründer" bieten.

Zu den „Investitionen" zählen in Zusammenhang mit einer Existenzgründung die Bereiche:

- Grundstücke und Gebäude,
- Anlagegüter für Büro, Werkstatt, Verkaufsraum, Produktion,
- Kraftfahrzeuge,
- Warenlager,

aber auch

- Einmalleistungen zur Einrichtung des Betriebes und
- Betriebsmittel (lfd. Kosten eines überschaubaren Zeitraumes).

Hinzu kommen Ausgaben für den eigentlichen Gründungsakt und die entsprechende Finanzierung, die wegen ihrer Einmaligkeit ebenfalls als „Investitionen" angesehen werden.

Die handels- und steuerrechtliche Betrachtung all dieser Investitionen bleibt bei der Investitionsbedarfsplanung unberücksichtigt.

Ein solcher Investitionsbedarfsplan bildet die Grundlage für die Gesamtfinanzierung des Gründungsvorhabens und für die Ermittlung des erforderlichen Eigenkapitals.

Tip 3.7

Gehen Sie als Existenzgründer bei der Erstellung des Investitionsbedarfsplanes großzügig vor. Notieren Sie alle Investitionen, die Sie innerhalb der ersten zwei Jahre sowieso benötigen, und beschränken Sie sich **nicht** nur auf die absolut notwendigen Dinge, die zum Zeitpunkt der Gründung erforderlich werden.

Eine großzügige Betrachtungsweise ist deshalb zu wählen, weil

- der Existenzgründer von Aufwand und Kosten, die durch Folgeinvestitionen innerhalb der ersten zwei Jahre während seiner Geschäftstätigkeit auftreten, nicht überrascht werden sollte. Diese können im Fall einer Mußinvestition zu nicht vorherseh- und einkalkulierbaren Liquiditätsengpässen führen;
- bei der Berechnung bzw. Zuteilung von öffentlichen Finanzierungshilfen der Gesamtinvestitionsbedarf mit herangezogen wird; der Bewilligungsakt erfordert eine Mindestkredithöhe (ca. DM 10000 bis 40000,–, je nach Programm unterschiedlich). Außerdem ist das Ausfüllen verschiedener Formulare erforderlich. Für den zeitgeplagten Existenzgründer ist deshalb eine Zusammenstellung aller vorgesehenen Investitionen innerhalb von 2 Jahren nach Gründung in der Zeit vor der Existenzgründung der optimalere und zeitsparendere Weg.

3.4.1 Grundstücke und Gebäude

Sollen für eine Existenzgründung Grundstücke oder Gebäude gekauft, geleast oder als Sacheinlagen durch den Existenzgründer mit eingebracht werden, ist in jedem Fall und bereits bei der Planung des Vorhabens die sachverständige Unterstützung eines Steuerberaters sinnvoll.

In diesem Fall können Kosten für die Beschaffung und Bereitstellung von Grundstücken und Gebäuden mit in den Investitionsbedarfsplan aufgenommen werden.

Bitte beachten Sie bei der späteren Finanzierungsplanung, daß bei verschiedenen öffentlichen Finanzierungsprogrammen für Gründungen, die Baumaßnahmen beinhalten, besondere Konditionen, Förderungshöchstgrenzen und Finanzierungslaufzeiten in Ansatz gebracht werden können mit entsprechenden Auswirkungen auf Finanzierungsvolumen, Zins- und Tilgungssätze oder Laufzeiten.

Tip 3.8

Wenn für Ihre Existenzgründung Baumaßnahmen erforderlich sind, prüfen Sie, ob Sie dafür Mittel aus öffentlichen Finanzierungsprogrammen nutzen können (meistens liegen die Finanzierungen im Zinssatz noch günstiger als bei mobilen Investitionsgütern).

3.4.2 Anlageinvestitionen

Je nach räumlichen Gegebenheiten des neuen Unternehmens ist eine sachgemäße Aufteilung der Anlageinvestitionen in Büro, Lager, Werkstatt oder andere räumliche Einheiten vorzunehmen.

Zu diesen Anlagegütern zählen auch alle Möbel, Kleinmaschinen und Geräte – sofern sie von ihrer Aufgabe bzw. ihrem Preis nicht als gesonderte Positionen (aktiviert) geführt werden müssen –, aber auch kleinere Positionen, sogenannte geringwertige Wirtschaftsgüter.

Um Ihnen die Planung zu erleichtern, folgt eine Liste der gängigen Anlagegüter, die je nach Unternehmensart und -größe ergänzt bzw. modifiziert werden muß.

Büroausstattung

- Akustikkoppler
- Anrufbeantworter

- Besprechungsecke
- Beistellschrank
- Bürokasse
- Bürocomputeranlage
- Diktiergeräte und Abspielgeräte
- Elektrische Einrichtungen
- Formulareinsätze
- Garderobe, Kleiderschrank
- Geschirr, Gläser
- Hochschrank
- Hängeregistratur
- Kopiergeräte
- Kühlschrank
- Kaffeemaschine
- Lappen, Tücher, Besen, Staubsauger
- Müllbehälter
- Pflanzen
- Putzmittel (Erstbevorratung)
- Regale
- Registrierkassen
- Schreibtische
- Schreibtischleuchte
- Sessel
- Stühle
- Schreibmaschinentisch
- Stahlblechschrank mit Sicherheitsschloß
- Schriftensetzgeräte
- Schnittstellentester
- Tische
- Tresore
- Taschenrechner
- Tischrechner
- Telefonanlage
- Teppichboden
- Trennwände
- Tapeten, Fliesen
- Tretabfalleimer
- Uhren
- Vorhänge, Rollos

Werkstatt (je nach Branche unterschiedlich)

- Hebezug
- Hochregal für Ersatzteile
- Kettenzug
- Prüfbecken
- Prüfgeräte
- Programmiergerät
- Schalteranlagen für Prüfbecken
- Universal-Meßinstrument
- Werkbänke
- Werkzeugschrank
- Werkzeuge
- Werkzeugkoffer

Mit der späteren Anschaffung von Anlagegütern kann für den Existenzgründer unter Umständen folgende Besonderheit sehr wichtig werden:

Steuerrechtlich unterscheidet man zwischen den „Aktivierungspflichtigen Anlagegütern" - es handelt sich hierbei um alle Anlagegegenstände eines Unternehmens, die einen Warenwert von DM 800,- und mehr besitzen - und den „Geringwertigen Wirtschaftsgütern" (GWG), die in der Anschaffung unter DM 800,- liegen.

Die Geringwertigen Wirtschaftsgüter können in der Regel im Jahr der Anschaffung voll abgeschrieben werden und schlagen sich damit sofort kostenwirksam in der Ergebnisrechnung nieder.

Aktivierungspflichtige Gegenstände werden kostenmäßig auf mehrere Nutzungsjahre verteilt, was in Betriebswirtschaft und Buchführung als „Abschreibung" (steuerrechtlich Absetzung für Abnutzung) bezeichnet wird.

Während alle Wirtschaftsgüter mit einem Warenwert von DM 800,- und mehr aktiviert werden **müssen,** besteht bei den Geringwertigen Wirtschaftsgütern ein sogenanntes Aktivierungswahlrecht. Für den Unternehmer bedeutet dies, daß er im Einzelfall entscheiden kann, ob das Wirtschaftsgut aktiviert wird (d. h. Aufnahme in die Anlagenkartei und Abschreibung über mehrere Nutzungsjahre) oder ob es im Jahre der Anschaffung voll kostenwirksam abgeschrieben werden soll.

Während in bereits länger bestehenden Betrieben häufig diese kostenwirksame Totalabschreibung angewendet wird, ist es für den Existenzgründer oft sinnvoller (sofern keine Gewinne anfallen), von dem Aktivierungswahlrecht Gebrauch zu machen und Geringwertige Wirtschaftsgüter ab einer bestimmten Größenordnung (z. B. ab DM 150,-) zu aktivieren und kostenmäßig über mehrere Jahre zu verteilen.

Dieses Verfahren ist ganz besonders im Zusammenhang mit der Gründung einer GmbH von Bedeutung, um bilanziell das Risiko einer schnellen Überschuldung zu vermeiden (→4.6 GmbH).

Bei einer ausreichenden Anzahl von Geringwertigen Wirtschaftsgütern kann somit ein vorhersehbarer Verlust des zu gründenden Betriebes in den ersten Jahren gemindert und kostenmäßig bereits auf Jahre verteilt zu einer späteren Gewinnminderung herangezogen werden.

Tip 3.9

Überprüfen Sie als Existenzgründer bei der Anschaffung von Geringwertigen Wirtschaftsgütern, inwieweit Sie von dem Aktivierungsrecht Gebrauch machen wollen.

3.4.3 Kraftfahrzeuge

Zu den Kraftfahrzeugen zählen neben dem Geschäftswagen des Betriebsinhabers erforderliche Transportkapazitäten, die mit dem Unternehmen zusammenhängen. Extras und Sonderausstattungen sowie Zubehör sind diesen Kraftfahrzeugen zuzurechnen und bereits bei der Investitionsbedarfsplanung mit zu berücksichtigen.

Inwieweit neben dem Geschäftswagen die Anschaffung eines im privaten Bereich genutzten gesonderten Kraftfahrzeuges erforderlich und sinnvoll sein kann, ist im Einzelfall mit der zuständigen Finanzbehörde oder dem Steuerberater zu klären.

Tip 3.10

Kann bei einem Unternehmen eine klare Trennung der Nutzung der Kraftfahrzeuge zwischen privatem und betrieblichem Bereich vorgenommen werden, ist aus betriebswirtschaftlicher Sicht eine Trennung sinnvoll. Eine eindeutige Zuordnung der Kosten wird ermöglicht und ein Fahrtenbuch, wie es bei gemeinschaftlicher Nutzung erforderlich ist, wird überflüssig.

3.4.4 Warenlager

Je nach Art und Inhalt des zu gründenden Betriebes ist spätestens bei der Ersteinrichtung des Warenlagers die Entscheidung über die Sortimentsgestaltung erforderlich, d. h. spätestens zu diesem Zeitpunkt muß sich der Existenzgründer Klarheit über die Art der Produkte bzw. Dienstleistungen und den mengen- und wertmäßigen Umfang verschafft haben.

Tip 3.11

Bei verschiedenen öffentlichen Finanzierungsprogrammen ist es möglich, die Einrichtung bzw. Beschaffung **des ersten Warenlagers** voll bei der Gesamtfinanzierung zu berücksichtigen.

Bei der Einrichtung von Handelsbetrieben besteht oft die Gefahr, daß der Unternehmensgründer zuviel Eigen- und/oder Fremdkapital in Waren bindet. Deshalb kann nur empfohlen werden, der Auswahl und Bestimmung des Warensortiments eine erhöhte Bedeutung beizumessen.

So können Produktvielfalt und differenzierte Sortimentsgestaltung in hochtechnologischen und innovativen Produktionsbereichen äußerst schädlich für das Unternehmen werden, wenn durch technische Entwicklung oder Änderung des Modebewußtseins große bzw. differenziert angelegte Läger abgeschrieben werden müssen und sich allzu schnell negativ in der Ertragsrechnung niederschlagen.

Als Unternehmer von Handelsbetrieben werden Sie in den ersten Monaten sehr schnell die Gepflogenheiten und Gewohnheiten Ihrer (alten) und neuen Kunden kennenlernen. In der Flexibilität, im Gespräch und in einem eventuellen Kundendienst liegt oft ein größerer Zuspruch als in der anfangs vermuteten permanenten Lieferfähigkeit **sämtlicher** Modifikationen, Varianten und Differenzierungen von Produkten.

Tip 3.12

Schränken Sie Ihr erstes Warenlager lieber etwas ein. Sie vermeiden eine Vielzahl von Ladenhütern, wenn sich die Kundennachfrage anders entwickelt.

Diese Beobachtung läßt sich jedoch nicht ohne weiteres auf Produkte und Artikel mit extrem langen Lieferzeiten, besonderen Verarbeitungs- und Lagermechanismen oder auf Facheinzelhandelsgeschäfte, die sich auf die Spezialisierung von verschiedenen Produktbereichen und entsprechenden Varianten eingerichtet haben, übertragen.

3.4.5 Einmalleistungen

Bei den sogenannten Einmalleistungen handelt es sich um alle einmaligen Kosten, die mit der Einrichtung des Unternehmens unmittelbar **und** mittelbar zusammenhängen. Die Betonung liegt auf **Einmal**kosten, d. h. auf Kosten, die in ihrer Struktur einmalig sind und mit der Unternehmensgründung anfallen. Diese Kosten können in einzelnen Finanzierungsprogrammen teilweise mit für den Gesamtinvestitionsbedarfsplan des Gründungsvorhabens herangezogen werden.

Nicht nur Kosten zur Herrichtung der Geschäftsräume (z. B. Renovierungen oder Mietkautionen), sondern auch zur Einrichtung einer Telefonanlage, für das Firmenschild, die Stempel oder die Ausstattung einer ersten Messe und auch für Eröffnungsinserate, Plakate oder die Gestaltung der Hausfassade zählen hinzu.

Diese Einmalkosten stellen einen nicht zu unterschätzenden Faktor dar, da sie durchaus in einer Größenordnung zwischen 5 und 15% des Gesamtunternehmensinvestitionsvolumens liegen können.

Tip 3.13

Es besteht die Möglichkeit, diese Einmalkosten nicht über das einzubringende Eigenkapital, sondern zusätzlich auch langfristig über das Fremdkapital zu finanzieren.

Zusätzlich kann der Büromaterialerstbedarf, d. h. alle Dinge, die das betriebliche Mobiliar mit „Leben und Inhalt" füllen, als Einmalleistung betrachtet werden. Die folgende Liste muß entsprechend dem Bedarf ergänzt werden.

Büromaterialbedarf

- Aufkleber endlos
- Briefpapier neutral
- Briefpapier bedruckt
- Briefumschläge

Fensterkuvert quer C5
C4 einfach
C4 verstärkt/groß
- Büroklammern
- Bleistifte
- Bleistiftspitzer
- Brieföffner
- Briefwaage
- Disketten/Kassetten
- Endlospapier neutral
- Endlospapier bedruckt
- Kugelschreiber
- Klebestreifen
- Kopierpapier
- Kalender
- Lieferscheinblock
- Lineal
- Lexikon
- Locher
- Millimeterpapier
- Meterstab
- Notizblock
- Ordner
- Packstreifen
- Quittungsblock
- Radiergummi
- Registermappen
- Stempelkissen
- Schere
- Schreibblock
- Schreibunterlagen
- Stifteschale
- Toilettenpapier
- Visitenkarten
- Wörterbuch/Duden
- Zeichenmaterial

3.4.6 Betriebsmittel

Unter die Betriebsmittel fallen alle in einem Unternehmen regelmäßig wiederkehrenden (laufenden) Kosten. Sie müsen bei Existenzgründung für einen kurzen Unternehmenszeitraum (Viertel- oder Halbjahr) bemessen werden.

Es besteht die Möglichkeit, bei der Inanspruchnahme öffentlicher Finanzierungshilfen auch manche Betriebsmittel - in vertretbarem Umfang - in die Gesamtfinanzierung einfließen zu lassen. In diesem Fall ist aber sicherheitshalber bei der Erarbeitung des Investitionsbedarfsplanes ein Unternehmensberater bzw. die zukünftige Hausbank hinzuzuziehen, um Einzelheiten des Ansatzes abzustimmen.

Tip 3.14

Zur internen Beurteilung und Schaffung eines Sicherheitsspielraumes sollte der Existenzgründer unter Betriebsmittel alle die laufenden Kosten aufführen, die für ihn innerhalb des ersten Viertel- bzw. Halbjahres anfallen werden.

3.5 Kosten- und Ertragsplanung

Mit Hilfe der Kosten- und Ertragsplanung läßt sich für den Unternehmensgründer zum ersten Mal die Wirtschaftlichkeit und mögliche Tragfähigkeit des Unternehmens durch Zahlen klar belegen. Auch wenn diese Zahlen im Umsatzbereich lediglich auf Schätzungen beruhen, so enthalten sie doch erste Aussagen in bezug auf die Kostenstruktur des Unternehmens.

Bei den Kosten hat man - im Gegensatz zur Umsatzplanung - eher die Möglichkeit, durch Vergleiche mit ähnlichen oder anders strukturierten Betrieben zu Daten über das eigene Unternehmen zu gelangen.

Bei der folgenden Kostenbetrachtung ist eine Unterscheidung zwischen Fixkosten (feste Kosten, regelmäßig wiederkehrend) und variablen Kosten (Kosten, die mit dem Umsatzausstoß zusammenhängen) zu machen.

Unter „fixen Kosten" versteht man die von der Beschäftigungslage des Betriebes (Auslastung) unabhängigen Kosten, während sich die variablen Kosten mit zunehmender und abnehmender Beschäftigung verändern.

Bei der Kosten- und Ertragsrechnung empfiehlt es sich, nach dem folgenden Schema vorzugehen, wobei - bedingt durch betriebliche Gegebenheiten - Ergänzungen oder Streichungen vorgenommen werden können.

Umsatzerlöse
./. Materialeinsatz/Handelswareneinsatz
./. direkt verrechenbare Lohnkosten

= Rohertrag

./. Gehalt und Lohn
./. Mieten und Nebenkosten
./. Energie
./. Kosten des Fuhrparks
./. Beratung, Anwalt, Gebühren, Beiträge
./. Versicherungen
./. Fernmelde-/Postgebühren
./. Werbemaßnahmen (Anzeigen, Messe, Geschenke)
./. Reise-/Bewirtungskosten
./. Reparaturen
./. Reinigung
./. Bürobedarf
./. sonstige allgemeine Verwaltungskosten
./. Zinsen und Tilgung (Kapitaldienst)
./. Absetzung für Abnutzung (AFA)
./. Steuern
./. (10%) Risikoanteil

= Ergebnis

Tip 3.15

Da bei Neugründungen durch umsatzschwache Entwicklungen bei rechtlichen, steuerlichen, finanzierungsmäßigen Schwierigkeiten ein sogenannter „langer Atem", Reserven und Sicherheiten erforderlich werden können, sind bei der Kosten- und Ertragsplanung diese Möglichkeiten bereits einzuplanen.

Sinnvoll ist es, dafür bei der Kostenbetrachtung zusätzlich einen zehnprozentigen Anteil auf die Kosten (**ohne** Materialeinsatz- und Lohneinzelkosten, also direkte Kosten) anzusetzen. Dieser Risikoanteil dient zur Sicherung und Überbrückung von betrieblichen Einbußen, die in der Etablierungsphase anfallen können; er kann je nach Art des Unternehmens mit zunehmender Etablierung reduziert werden.

Bei Erstellung der Kosten- und Ertragsplanung gehen Sie parallel zur Umsatzplanung vor. Bitte beachten Sie, daß Sie die Ergebnisse aus der Umsatzplanung, die Material- oder Handelswareneinsätze sowie die Lohneinzelkosten außer acht lassen und sich bei der Kostenplanung zunächst auf die sonst anfallenden Kosten (Fixkosten) beschränken.

Nachdem Sie - ähnlich der Umsatzplanung - eine Vorschau und eine pessimistische Überprüfung der in den ersten 12 Quartalen zu erwartenden Fixkosten durchgeführt haben, übertragen Sie die Umsatzerlöse der jeweiligen Quartale aus der erstellten Umsatzplanung in die Kostenplanung.

Als nächstes müssen Material- oder Handelswareneinsatzkosten prozentual in Abhängigkeit zum Umsatz gebracht werden, da es sich um pauschal zuordenbare Größen handelt. Ermitteln Sie hierzu für die einzelnen Umsatzgruppen die Materialeinsatzanteile und führen Sie diese als Gesamtsumme unterhalb der Umsatzerlöse auf.

Nachdem Sie unter weiterer Berücksichtigung der direkten Lohnkosten den Rohertrag ermittelt haben, stellen Sie Ihr quartalsmäßiges Ergebnis fest, indem Sie vom ermittelten Rohertrag die zuvor erstellten Fixkosten abziehen.

Für den Existenzgründer folgt jetzt nicht selten ein Augenblick der Ernüchterung, denn er wird feststellen, daß bei objektiver Betrachtung des Gründungsvorhabens mindestens im ersten Unternehmensjahr ein Verlust durchaus realistisch ist.

Dies ergibt sich zum einen aus den typischen Gründungs- und Einmalkosten, zum anderen durch die eventuell verhaltene Nachfrage, die oft nicht den ersten Erwartungen entspricht.

Tip 3.16

Bei einem neuzugründenden Unternehmen muß Ihnen in erster Linie daran gelegen sein, kurzfristig ein Stammkäuferpotential zu erwerben.

Stellen Sie jedoch bei der Betrachtung der ersten drei Geschäftsjahre durchweg fest, daß Sie in den einzelnen Quartalen mit einem Negativertrag arbeiten, muß das Gründungsvorhaben grundsätzlich überdacht werden.

Entweder ist der Umsatz für Ihr Kostenpotential als nicht ausreichend anzusehen, oder Sie haben bei Ihrer Gründungsidee den Anteil der Kosten unterschätzt.

Überprüfen Sie Ihre Umsatzentwicklung sowie Kosten- und Ertragsplanung hinsichtlich saisonaler und zeitlicher Schwankungen. So ist z. B. der Gebühren- und Beitragsanteil verschiedener Dienstleistungsunternehmen zum Jahresanfang bzw. Jahresende verhältnismäßig hoch (IHK, Handwerkskammer, Energieversorgung, Kfz-Versicherung, Kfz-Steuer). Zum anderen sind je nach Art des Betriebes sogenannte Sommerlöcher oder Winterflauten zu beachten.

Diese Schwankungen müssen ebenfalls bei Ihrer Konzeption mit berücksichtigt werden.

3.6 Finanzierungsplanung (1. Entwurf)

Die Finanzierungsplanung bietet eine Übersicht über die Aufteilung des für die Unternehmensgründung erforderlichen Kapitals. Man unterscheidet zwischen dem vom Existenzgründer einzubringenden Eigenkapital (Bar- und Sachwerte) und dem Fremdkapital.

Zum Fremdkapital zählen die Finanzierungsmittel, die über Geschäftsbeteiligungen oder Darlehen mittel- und langfristiger Art durch Banken oder Dritte eingebracht werden, aber auch ein erforderlicher Kontokorrentkreditrahmen.

Unter Kontokorrentkreditrahmen ist der Spielraum zu verstehen, der dem neuen Unternehmen durch die Hausbank bei Überziehung des Geschäftskontos für den täglichen Geldverkehr eingeräumt wird.

Der Finanzierungsrahmen wird bereits durch die Investitionsbedarfsplanung, die hierfür unbedingt mit heranzuziehen ist, gesetzt. Nehmen Sie in Ihrem eigenen Interesse bei der Finanzierung **keine** Streichungen im Investitionsbedarfsplan vor, die nicht realistisch sind.

Tip 3.17

Jede erste Unternehmensgründung benötigt im Regelfall öffentliche Finanzierungshilfen bzw. sollte diese nach Möglichkeit nutzen.

In diesem Vorbereitungsstadium dient die Finanzierungsplanung in erster Linie der Orientierung des Existenzgründers, kann jedoch zusätzlich als Argumentationshilfe im Bankgespräch verwendet werden.

Das Rohkonzept sollte mit Vertretern der Hausbank durchgesprochen und in ein individuell auf Person und Unternehmen zugeschnittenes Finanzierungskonzept eingearbeitet werden. Nach Festlegung der Finanzierungseckdaten kann eine Zins- und Tilgungsplanung erarbeitet werden (→3.7 Zins- und Tilgungsplanung).

Tip 3.18

Der Existenzgründer sollte sich - eventuell unter Hinzuziehung eines Unternehmensberaters oder in Gesprächen mit der Handwerks- oder Industrie- und Handelskammer - über die jeweiligen staatlichen Zuschußprogramme ausführlich informieren und deren Konditionen bei der Finanzierungs- sowie späteren Zins- und Tilgungsplanung berücksichtigen.

Somit dient die Finanzierungsplanung als erste Orientierungshilfe und Grundlage für die daraus aufzubauende Zins- und Tilgungsplanung.

3.7 Zins- und Tilgungsplanung

Jedes Fremdkapital muß verzinst und getilgt, d. h. zurückgezahlt werden. Das bedeutet für den Existenzgründer, daß nach Etablierung des Unternehmens an bestimmten Stichtagen - je nach Finanzierungsprogramm und Kreditanstalt unterschiedlich - Zinsen und Tilgung fällig werden. Die fristgerechte Bereitstellung von Liquidität, d. h. von Finanzmitteln zur Erfüllung der Zahlungsverpflichtungen, ist von existenzieller Notwendigkeit.

Tip 3.19

Zins- und Tilgungsplanungen beim Erstellen des Finanzplanes stets berücksichtigen.

Die Finanzierungs-, Zins- und Tilgungsplanung sollte im ersten Teil Angaben zum Kreditprogramm enthalten; und zwar eine Auflistung der Finanzierungseckdaten wie

- Eigen- und Fremdmittel,
- Auszahlungshöhe,
- Zinssatz,
- tilgungsfreie Zeit,
- Tilgungs- und Zinsstichtage und
- sonstige mit der Finanzierung anfallende Besonderheiten.

Der zweite Teil des Finanzierungsplanes enthält die planmäßig über die Jahre verteilte Zins- und Tilgungsbelastung der im ersten Teil angesprochenen Fremdmittel.

3.8 Selbstauskunft

Am Ende des Exposés steht die Selbstauskunft, die in einer vom Existenzgründer selbst festzulegenden Form Auskunft über seine finanziellen und besitzmäßigen Verhältnisse geben sollte.

Die Selbstauskunft muß Angaben enthalten über:

- Barvermögen
- Wertpapiere
- Spareinlagen
- Grundstücke und Gebäude
- Belastung von Grundstücken und Gebäuden
- Lebensversicherung
- angesparte Bausparverträge
- Bauspardarlehen
- regelmäßig wiederkehrende Kosten, wie Unterstützung bedürftiger Pesonen
- sonstige regelmäßig wiederkehrende Belastungen
- sonstige nicht aus der Existenzgründung stammende Einkommen

Tip 3.20

Die Selbstauskunft des Existenzgründers sollte weder Daten verschweigen noch Positionen überbewerten. Sie dient als Vertrauensbasis für erste Kontakte zwischen Existenzgründer und Kreditgeber.

4. Rechtsform des Unternehmens

Jede selbständige gewerbliche Tätigkeit verlangt nach einer bestimmten Rechts-/Unternehmensform, deren Wahl durch folgende fünf Merkmale weitgehend beeinflußt wird:

- Entscheidungsbefugnis des/der Existenzgründer
- Haftung des/der Existenzgründer
- Kreditwürdigkeit des Unternehmens
- Geschäfts-/Investitionsvolumen
- Steuerliche Gesichtspunkte

4.1 Einzelunternehmung

Bei der Einzelunternehmung als der ursprünglichen Unternehmensform steht die Persönlichkeit des Unternehmers im Vordergrund.

Der Unternehmer ist nicht nur alleiniger Träger des Risikos, das sich grundsätzlich auf das gesamte und nicht nur auf das in die Unternehmung eingebrachte Vermögen erstreckt, sondern er ist auch Träger des gesamten Aufbaues sowie des Lebens und der Entwicklung der Unternehmung.

Der persönliche Betätigungsdrang des Unternehmers sorgt für ein hohes Maß an Elastizität.

Neben diesen Vorteilen ist aufgrund der Personenbezogenheit als wesentlicher Nachteil des Unternehmens eine mangelnde Kontinuität bei Nachfolgeschaften zu nennen. Durch den Tod des Inhabers eines Einzelunternehmens wird oft der Fortbestand der Firma in Frage gestellt.

Darüber hinaus ist durch die beschränkte Kapitalkraft eine äußerst schmale Kreditbasis gegeben, die bei Umstrukturierungen, Erweiterungen oder technologischem Fortschritt zu Finanzierungsengpässen führen kann.

4.2 Stille Gesellschaft/Beteiligung

Die Stille Gesellschaft entsteht dadurch, daß sich jemand am Gewerbe eines anderen mit einer in dessen Vermögen übergehenden Einlage beteiligt.

Nach außen hin tritt die stille Beteiligung nicht in Erscheinung, sie stellt ein reines Innenverhältnis dar.

Das Gesellschaftsverhältnis wird weder in der Firma noch im Handelsregister erwähnt.

Da die gemeinschaftliche Firma fehlt, gibt es auch kein gemeinsames Gesellschaftsvermögen und keine gemeinsamen Gesellschaftsschulden.

Vermögensträger ist **allein** der Geschäftsinhaber, der als solcher auch für die Geschäftsschulden - im Fall der „Stillen Beteiligung" - haftet.

Bei der Einlage des stillen Gesellschafters handelt es sich normalerweise um ein langfristiges Gläubigerverhältnis mit Gewinn- und Verlustbeteiligung, je nach vertraglicher Vereinbarung.

Tip 4.1

Eine Stille Beteiligung sollte in jedem Fall durch einen schriftlichen Vertrag fixiert werden und Zins-/Tilgungszahlungen bzw. Rückzahlungen der Stillen Beteiligung enthalten.

Bei der Stillen Gesellschaft wird zwischen einer sogenannten typischen und einer atypischen Gesellschaft unterschieden.

Eine typisch Stille Gesellschaft ist ein Gläubigerverhältnis mit Gewinn- und Verlustbeteiligung.

Eine atypische Stille Gesellschaft liegt vor, wenn der Gesellschafter nicht nur am Gewinn und Verlust, sondern darüber hinaus am Gesamtgeschäftsvermögen und damit am Vermögenszuwachs (Stille Reserven) beteiligt ist.

Seine Vermögenseinlage wird dabei so bewertet, als stünde ihm ein fester, prozentualer Betrag am gesamten Geschäftsvolumen zu. Die atypische Gesellschaft nimmt damit auch an den betriebsfremden Erlösen, an Rücklagen, Rückstellung und dem gesamten Firmenwert teil.

Wichtig wird dieses Verhältnis bei der Verteilung des Liquidations- oder Verkaufserlöses, der bei einer atypischen Gesellschaft unter Umständen größer sein kann als die ursprüngliche Einlage.

4.3 Gesellschaft Bürgerlichen Rechts (GBR)

Die Gesellschaft des Bürgerlichen Rechts ist in der Regel ein Zusammenschluß von mindestens zwei Personen.

Sie wird auch oft für eine bestimmte Zeit zwischen diesen Beteiligten geschlossen mit dem Ziel der Abwicklung besonderer Geschäfte/Projekte bzw. des gegenseitigen Kennenlernens und Schaffens einer Vertrauensbasis vor Gründung einer rechtsfähigen Gesellschaft (z. B. GmbH).

Tip 4.2

Es ist in jedem Fall ratsam, beim Zusammenschluß verschiedener Personen zu einer Gesellschaft Bürgerlichen Rechts einen ausführlichen, schriftlichen Vertrag abzuschließen.

Für die Geschäftsführung gilt, wenn nichts anderes vereinbart, daß alle Gesellschafter gemeinschaftlich zur Führung des Geschäftes berechtigt und verpflichtet sind und jeder Gesellschafter für sich allein zur Vertretung der Gesellschaft befugt ist.

Sach- und Geldeinlagen der Gesellschafter und das während des Bestehens der Gesellschaft zuerworbene Vermögen bilden das Gesellschaftsvermögen und sind gemeinschaftliches Eigentum der Gesellschafter.

Für die Schulden der Gesellschaft Bürgerlichen Rechts haftet nicht nur das Gesellschaftsvermögen, sondern jeder Gesellschafter **auch** mit seinem Privatvermögen. Wenn nichts anderes vereinbart ist, wird Gewinn und Verlust zu gleichen Teilen unter den Gesellschaftern verteilt.

Die Gesellschaft Bürgerlichen Rechts wird aufgelöst durch

- Kündigung,
- Ablauf der Gesellschaftszeit (Vertragszeit),
- Eröffnung des Konkurses über das Vermögen auch nur eines Gesellschafters (einen Konkurs der GBR gibt es nicht, da sie keine juristische Person ist),
- Tod eines Gesellschafters, wenn nicht die Fortsetzung der GBR mit einem Erben des Verstorbenen vereinbart ist.

Bis zur Abwicklung aller laufenden Geschäfte gilt die Gesellschaft auch nach Auflösung als fortbestehend.

Aus dem Gesellschaftsvermögen werden zunächst die Gesellschaftsschulden beglichen und dann die verbleibenden Einlagen der Gesellschafter zurückbezahlt.

Ein eventuell verbleibender Rest wird anteilmäßig unter die Gesellschafter aufgeteilt.

4.4 Offene Handelsgesellschaft (OHG)

Die Offene Handelsgesellschaft ist eine Gesellschaft, deren Zweck auf den Betrieb eines Handelsgewerbes unter gemeinschaftlicher Firma gerichtet ist, wobei die Gesellschafter den Gläubigern unmittelbar, unbeschränkt und solidarisch mit ihrem vollen Vermögen (auch Privatvermögen) haften.

Die Leitungsbefugnis steht allen Gesellschaftern jeweils einzeln zu. Andererseits haftet jeder Gesellschafter mit seinem Gesamtvermögen für die Schulden **auch** der gesamten Gesellschaft.

Es handelt sich hierbei um den Zusammenschluß einzelner Unternehmer unter einem gemeinsamen Namen mit der Zusatzbezeichnung OHG.

Ansonsten gelten die gleichen Rechte und Pflichten wie bei der Einzelfirma.

Tip 4.3

Bei größerem Kapitalbedarf kann die Bildung einer OHG sinnvoll sein, einerseits im Hinblick auf ein höheres Eigenkapital, andererseits für die Beschaffung von Fremdkapital, da die Solidarhaftung der Gesellschafter eine größere Sicherheit für Gläubiger bedeutet.

Im Gegensatz zur Gesellschaft Bürgerlichen Rechts (→4.3 Gesellschaft Bürgerlichen Rechts) **muß** die Firma der OHG ins Handelsregister eingetragen werden. Die Verwendung der Rechtsform OHG sollte nur dann Berücksichtigung finden, wenn es sich um ein Unternehmen handelt, das einen gewissen Umfang (Anlagevermögen, Personalbestand, Umsatz und Gewinn) besitzt und kaufmännischer Geschäftsführung bedarf.

Die Geschäftsführung ist scharf von der Vertretung zu unterscheiden, die das Außenverhältnis, d.h. die Beziehung der Gesellschaft gegenüber anderen, betrifft.

Ein Gesellschafter kann zur Geschäftsführung berechtigt, aber von der Vertretung ausgeschlossen sein; ebenso kann der Umfang seiner Geschäftsführerbefugnis geringer sein als diejenige seiner Vertretungsmacht.

Die Auflösung der OHG ist möglich durch:

- Beschluß der Gesellschafter
- Kündigung eines Gesellschafters
- Eröffnung eines Konkursverfahrens über das Gesellschaftsvermögen
- den Privatgläubiger eines Gesellschafters

- den Privatgläubiger eines Gesellschafters bei Zwangsvollstreckung
- Tod eines Gesellschafters
- gerichtliche Entscheidung (grobe Pflichtverletzung eines Gesellschafters)

Auch die OHG vereinigt in sich die Merkmale persönlichen Unternehmertums, wie unbeschränkte Haftung, Selbständigkeit und grundsätzliche Nichtübertragbarkeit und Unvererblichkeit der Gesellschaftsrechte.

Die Bildung einer OHG ist einmal durch einen wachsenden Kapitalbedarf bedingt. Die finanziellen Möglichkeiten im Hinblick auf das Eigenkapital einer OHG sind wegen der größeren Anzahl der Gesellschafter meist besser als die einer Einzelunternehmung, d. h. in der Solidarhaftung der Gesellschafter liegt eine Erhöhung der Sicherheit für Gläubiger vor.

Die Möglichkeit der Beschaffung von Fremdkapital ist für eine OHG eher möglich und positiv zu bewerten.

4.5 Kommanditgesellschaft (KG)

Die Kommanditgesellschaft unterscheidet grundsätzlich zwei Typen von Beteiligungen innerhalb der Gesellschaft:

- Komplementär
- Kommanditist

Für den/die Komplementäre gelten gleiche Rechte und Pflichten, wie sie unter der Rechtsform der Offenen Handelsgesellschaft (→4.4 Offene Handelsgesellschaft) genannt wurden.

Für den Kommanditisten ist eine Haftungsbegrenzung vorgesehen, d. h. er haftet nur mit seiner Einlage am Gesellschaftsvermögen.

Die Kommanditisten haben in der Regel keinen Einfluß auf die Geschäftsführung. Die Verzinsung der Kapitaleinlage erfolgt gewinnabhängig und ist im Gesellschaftsvertrag definiert.

Die wichtigsten rechtlichen Vorschriften sind im HGB §§ 161ff. geregelt.

Tip 4.4

Mit der KG besteht in der Geldanlage für Kommanditisten die Möglichkeit, leitende Mitarbeiter durch finanzielle Beteiligung besser mit in die Geschäftsverantwortung einzubinden und zu motivieren.

Die Firma der Gesellschaft muß den Familiennamen mindestens eines persönlich haftenden Gesellschafters (Komplementär) und einen Zusatz enthalten, der das Vorhandensein einer Gesellschaft andeutet, z. B. Heinrich KG oder Heinrich & Co.

Die Kommanditisten dürfen in der Firmenbezeichnung nicht genannt werden.

Komplementäre und Kommanditisten sind in das Handelsregister mit Anzahl und Höhe der Einlage namentlich einzutragen.

Bei der Bekanntmachung ist nur die Zahl der Kommanditisten anzugeben. Die Geschäftsführung und Vertretung der KG obliegt allein den Komplementären. Ein Mitspracherecht der Kommanditisten innerhalb der Gesellschaft kann vertraglich vereinbart werden.

Die Auflösungsgründe der KG sind die gleichen wie bei der OHG (→4.4 Offene Handelsgesellschaft). Ausnahme: Der Tod eines Kommanditisten ist **kein** Auflösungsgrund. Die Erben rücken vielmehr in der Rechtsstellung ein.

4.6 Gesellschaft mit beschränkter Haftung (GmbH)

Die GmbH stellt eine Gesellschaft mit einer Rechtspersönlichkeit dar, deren Gesellschafter mit Einlagen an dem in Stammeinlagen zerlegten Stammkapital beteiligt sind, ohne persönlich für die Verbindlichkeiten der Gesellschaft zu haften.

Die Gläubiger können sich damit nur an das Gesellschaftsvermögen und nicht an die Gesellschafter halten. Das bedeutet jedoch nicht, daß bei der Unternehmensgründung zum Beispiel bei der Beschaffung von Krediten durch die Bank sich diese nicht persönlich an die Gesellschafter halten und entsprechende Sicherheiten gesellschafterbezogen verlangen kann.

In diesem Fall können Darlehen in Form von Einlagen über die Gesellschafter an die GmbH gewährt oder direkt an die Gesellschaft mit Haftungsübertrag auf den Gesellschafter vorgenommen werden.

Das Stammkapital der GmbH beträgt mindestens DM 50000,- und muß in der Regel mindestens zur Hälfte sofort eingezahlt werden.

Tip 4.5

Die GmbH wird im Augenblick der Eintragung in das Handelsregister rechtskräftig. In der Vorbereitungsphase ist bei Benutzung des Namens auf den Gründungszustand der GmbH durch Verwendung der Bezeichnung „i. GR." hinter dem Firmennamen hinzuweisen.

Eine GmbH kann entstehen durch Eintragung oder durch Umwandlung einer Einzelfirma. Auch die Umwandlung geschieht durch eine notariell beurkundete Umwandlungserklärung des Einzelkaufmanns unter gleichzeitiger Einrichtung der GmbH.

Bei Eintragung im Handelsregister gehen alle Aktiva und Passiva des einzelkaufmännischen Unternehmens kraft Gesetz auf das neue Unternehmen über.

Die bisherige Firma kann unter Hinzufügung des Zusatzes GmbH fortgeführt werden.

Mit der Gründung der GmbH entstehen verschiedene Organe der Gesellschaft:

- Geschäftsführer
- Gesamtheit der Gesellschafter
- Aufsichtsrat

Für die Gesellschaft gilt das sogenannte GmbH-Gesetz.

Die Firma (Firmenname) der Gesellschaft muß entweder vom Gegenstand des Unternehmens entlehnt sein oder den Namen wenigstens eines Gesellschafters mit einem das Vorhandensein eines Gesellschaftsverhältnisses angedeuteten Zusatz enthalten. Also z. B. TEVE Textilverarbeitungsgesellschaft mbH, EDUARD BRAUN Karosserierestaurierung GmbH.

Die Namen anderer Personen als der Gesellschafter dürfen in die Firma **nicht** aufgenommen werden.

Tip 4.6

In jedem Fall ist es für den Existenzgründer einer GmbH als Rechtsform sinnvoll, die Firmierung mit der zuständigen Industrie- und Handelskammer bzw. im handwerklichen Bereich der Handwerkskammer abzuklären.

Auf allen Geschäftsbriefen sind die Rechtsform, der Sitz der Gesellschaft, das Registergericht und die Nummer, unter der die Gesellschaft im Handelsregister eingetragen ist, sowie alle Geschäftsführer und, sofern die Gesellschaft einen Aufsichtsrat gebildet hat, der Aufsichtsrat mit Familiennamen und mindestens einem ausgeschriebenen Vornamen anzugeben.

Als Besonderheit bei der GmbH gilt im Gegensatz zu Personenfirmen die Problematik der Überschuldung. So ist der Geschäftsführer einer GmbH verpflichtet, wie bei der Zahlungsunfähigkeit auch bei Überschuldung die Eröffnung des Konkursverfahrens zu beantragen.

Der rechtzeitig hinzuzuziehende Rechtsbeistand ist für den Geschäftsführer einer GmbH in Fällen von schlechten Ergebnissen oder der Gefahr der Überschuldung von besonderem Interesse.

5. Standortanalyse und Marktbeobachtung

Ob Sie Ihr Unternehmen auf der grünen Wiese, im Zentrum oder der Fußgängerzone einer Großstadt gründen, ob Sie sich aufgrund Ihres Käufer- bzw. Marktpotentials absatzorientiert oder rohstofforientiert verhalten, hängt von der Art und vom Inhalt des Unternehmens im einzelnen ab.

Tip 5.1

Grundsätzlich sollte bei der Unternehmungsgründung in der Vorbereitungsphase eine Marktbeobachtung mit erforderlicher Standortanalyse durchgeführt werden.

5.1 Wesen des Standortes

Die Wahl des Standortes ist zunächst abhängig von der Art der Produkte und den verschiedenen Orientierungsformen des Unternehmens.

Folgende Prägungen bestimmen die Festlegung des Standortes:

- Beschaffungsorientierung
- Materialorientierung
- Absatzorientierung
- Arbeitskraftorientierung
- Verkehrsorientierung

Sprechen Sie als Einzelhandelsgeschäft Konsumenten und Endverbraucher an, so ist bei der Spezialisierung Ihres Unternehmens einem Standort in einer Stadt (möglichst Zentrum) eine höhere Bedeutung beizumessen als einer Etablierung auf dem Land oder der grünen Wiese.

Ist Ihr Unternehmen maschinen- und produktorientiert oder mit z. B. sperrigen Gütern befaßt, dann ist die Ansiedlung des Betriebes in einem speziellen Gewerbe- oder Industriegebiet der Citylage gegenüber vorzuziehen.

Grundsätzlich muß bei unterschiedlichen Mietspiegeln geprüft werden, ob ein Mehrumsatz, bedingt durch höhere Mietkosten in einer exklusiven Citylage, erzielt werden kann.

Tip 5.2

Bitte planen Sie als Existenzgründer eines Gewerbebetriebes bereits von Anfang an ein Gespräch mit der zuständigen Stadt- oder Gemeindeverwaltung über besondere Genehmigungen, Einschränkungen, Verordnungen, Planungen besonderer Bauvorhaben etc. ein.

Grundsätzlich gilt hier, daß jede Errichtung eines Betriebes der Zustimmung der öffentlichen Hand bedarf. Hinsichtlich der Genehmigung und Einrichtung des Betriebes bestehen erhebliche Einschränkungen durch Verordnungen und Gesetze, die sich sowohl auf die Art dieses speziellen Betriebes als auch auf den gesamten Wirtschaftszweig erstrecken können.

Besondere Anwendung finden

- Vorschriften der Gewerbeordnung,
- Bauleitplan,
- Flächennutzungsplan bzw. Bebauungsplan und das
- Bundesimmissionsschutzgesetz.

Sind Sie Mieter einer Wohnung oder eines Hauses und möchten Sie dieses teilweise oder ganz gewerblich nutzen, ist hier außer der möglichen Zustimmung der zuständigen Stadt- oder Gemeindebehörde auch die des Vermieters und Eigentümers erforderlich.

5.2 Marktbeobachtung

Marktbeobachtung ist die Beschaffung und Bereitstellung von Informationen zum Markt des Existenzgründers. Die exakte Beschaffung und systematische Bereitstellung der Informationen über Dienstleistungen oder Produkte, die Inhalt auf dem angesprochenen Markt der Existenzgründung sein sollen, ist unabdingbar notwendig.

Sofern die Gewinnung dieser Informationen über den Markt als einfaches und systematisches Sammeln erfolgt, spricht man von Markterkundung. Handelt es sich dagegen um eine systematisch und methodisch durchgeführte Marktuntersuchung, so spricht man von Marktforschung. Sie ist eine systematische, auf wissenschaftliche Methoden gestützte Untersuchung der für einen Existenzgründer wirtschaftlich relevanten Umfeldbedingungen mit dem Ziel, Objektivunterlagen und Informationen für absatzwirtschaftliche Entscheidungen bereitzustellen.

Für den Existenzgründer ist eine gewisse Marktforschung in Eigenregie unumgänglich.

Sind diese Überlegungen auf die Stellung des zu gründenden Betriebes im gegenwärtigen Markt bezogen und soll ein Situationsbild über Struktur und Größe des Marktes (Bedarfsanalyse, Käuferanalyse, Konkurrenzanalyse) hergestellt werden, wird dies insgesamt als Marktanalyse betrachtet.

Sollen dagegen **Veränderungen und Entwicklungen** der Märkte im Zeitablauf mit registriert werden, so spricht man von Marktbeobachtung.

Die Grenzen werden für den Existenzgründer schwimmend sein.

5.2.1 Produktbetrachtung

Für einen Existenzgründer ist eine Abgrenzung gegenüber Mitbewerbern in Produkt oder Dienstleistung besonders wichtig.

Tip 5.3

Der Existenzgründer sollte sich nach Marktstellung seines Betriebes (→5.2.2 Mitbewerberbetrachtung) über Art, Gestaltung, Form und Verpackung seiner Produkte bzw. Art und Qualität der Dienstleistung, die er ergänzend oder abweichend zu seinen Mitbewerbern anbieten will, **schriftlich** Gedanken machen.

Er muß in seiner Argumentation und Werbung klar darauf hinweisen, daß er mit seinen Dienstleistungen und Produkten eine deutliche Verbesserung für seinen angesprochenen Kundenkreis erreichen kann (Marktnischenverhalten).

Die Marktbeobachtung schließt, wie oben bereits angedeutet, eine zeitliche Veränderung des Marktes unter Umständen mit ein.

Hier müssen durch den Existenzgründer schon im Vorfeld der Existenzgründung etwaige Entwicklungen erkannt und bei Konzeption und Festlegung der Ziele berücksichtigt werden.

So können zum Beispiel durch technologischen Wandel oder durch Anknüpfungen neuer Handelsbeziehungen mit anderen Ländern Wettbewerbsvorsprünge und neue Schwerpunkte erzielt werden.

Leiten Sie daraus unter Ergänzung neuer Informationen Entwicklungen für die Zukunft ab und berücksichtigen Sie dabei, daß Ihre Existenzgründung im Regelfall die ersten zwei Jahre mit Verlust, im folgenden dritten Jahr möglicherweise +/−0 abschließen und erst ab dem vierten oder fünften Jahr einen positiven Ertrag erwirtschaften wird.

Erst durch diesen positiven Ertrag sind Sie in der Lage, in Ihrem Unternehmen eventuell vorgesehene Expansionen durchzuführen.

Tip 5.4

Um auch für die Zukunft wettbewerbsfähig zu bleiben,
- fertigen Sie eine Liste an, die in etwa Ihre Dienstleistungen und Produkte beschreibt;
- versuchen Sie in rückschauender Betrachtung die Entwicklung der Güter und Dienstleistungen vor 5 Jahren (oder länger) bis zum heutigen Zeitpunkt zu beschreiben;
- definieren Sie Veränderungen im Verhältnis zur ursprünglichen Bezugsgröße;
- überprüfen Sie, wie wesentlich diese Änderungen auf den Markt gewirkt haben.

5.2.2 Mitbewerberbetrachtung

Als ein für den Existenzgründer wichtiges Hilfsmittel hat sich die Mitbewerberkontrolle erwiesen.

Es handelt sich hierbei um die systematische Anlage von Informationen über Preise, Angebote, Veröffentlichungen, Entwicklungen, Tendenzen, Betriebsjubilare und Mitarbeiter der Mitbewerber.

Tip 5.5

Der Existenzgründer sollte sich so früh wie möglich Nachschlagewerke der wichtigsten Mitbewerber seines angesprochenen regionalen Kundenkreises anlegen.

Dies kann in Form eines einfachen Ordner- oder Schnellheftersystems erfolgen und sollte folgende Mindestangaben enthalten:

- Informationen zur Größe und Art des Betriebes
- Informationen über Produktpalette, Warensortiment und Vertriebskonzeptionen
- Strategien des Unternehmens (Geschäftsstellung, Produkterweiterung)

Diese Kurzbeschreibung sollte durch die chronologische Ablage von Zeitungsinseraten, Zeitungsberichten, Veröffentlichungen in Fachzeitschriften und durch handschriftliche Notizen ergänzt werden.

Somit hat der Existenzgründer auch nach erfolgreicher Gründung und Entwicklung seines Unternehmens jederzeit die Möglichkeit und Gelegenheit, in diesen Unterlagen nachzuschlagen und Schwerpunkte (terminlich/räumlich) der/des Mitbewerber(s) festzustellen.

Dies kann für den zu gründenden Betrieb in späteren Zeiten von erheblicher Bedeutung sein, wenn es um die rechtzeitige Präsentation von Angeboten auf dem Markt geht, um den Mitbewerbern unter Umständen Wind aus den Segeln zu nehmen.

Existenzgründer sind durch Agieren auf dem Markt in der Regel erfolgreicher, als wenn sie auf Einflüsse durch die Konkurrenz reagieren müssen.

Außerdem besteht über Preislisten der einzelnen Verlage/Zeitungen jederzeit die Möglichkeit, den Werbeeinsatz der Mitbewerber zu rekonstruieren.

Die Auswertung der Information und die Definition für zukünftige Entwicklungen setzen eine permanente, über längere Zeiträume erfolgte Durchführung dieses Konzeptes voraus.

Durch Nachschlagen in diesen Veröffentlichungen kann die Reaktionsfähigkeit und -schnelligkeit der Mitbewerber bei der Beschaffung/Anpreisung neuer Produkte des Existenzgründers auf dem Markt erkundet werden.

Diese Kenntnis wird im Laufe der Zeit für den Existenzgründer bei eventuellen vorübergehenden Kooperationen oder starren Abgrenzungen (oder Konfrontationen) von vitaler Notwendigkeit in der Entscheidungsfindung und Verhandlungspraxis.

6. Behörden, Kammern, Ämter, Organisationen

6.1 Industrie- und Handelskammer (IHK)

Bei der Industrie- und Handelskammer handelt es sich um eine Körperschaft des öffentlichen Rechts. Sie ist also weder Behörde noch Verband.

Alle Gewerbetreibenden, **sofern sie zur Gewerbesteuer veranlagt werden,** sind als kammerzugehörig zu betrachten. Ausgenommen sind landwirtschaftliche und handwerkliche Betriebe sowie freie Berufe.

Den Industrie- und Handelskammern kommen verschiedene Aufgaben zu: neben der Förderung der gewerblichen Wirtschaft in ihrem regionalen Bereich übernehmen sie die Vertretung der Interessen der ihr zugehörigen Gewerbebetriebe.

Sofern die Gewerbebetriebe mit Behörden, Verbänden und sonstigen Institutionen in Verbindung treten, gilt es, diese Betriebe mit Vorschlägen, ggf. Gutachten und Berichten zu beraten und zu unterstützen.

Des weiteren obliegt der IHK für ihre betreuten Betriebe die Koordinierung und Unterstützung in Fragen der Ausbildung und Berufsausbildung. Dazu gehören u. a. auch alle Aufgaben, die mit der Etablierung und Gründung eines Unternehmens im Zusammenhang stehen.

Im einzelnen informiert die IHK über

Hauptgeschäftsführung

- Grundsatzfragen der Wirtschaftspolitik in der zuständigen Region
- Öffentlichkeitsarbeit
- Infos über steuer- und finanzpolitische Maßnahmen von Gemeinde, Land und Bund

Ausbildungsberatung

- Fragen der Lehrlingsausbildung für Auszubildende und Ausbilder
- Beilegung von Streitigkeiten aus dem Ausbildungsverhältnis

Rechtsberatung

- Eintragung in das Handelsregister und Firmenrecht
- Schiedssachen
- Sachverständigenwesen

- Wettbewerbsrecht
- Verordnungen zum Groß- und Einzelhandel
- überprüft insbesondere bei Existenzgründung die jeweilige Firmierung auf wahre und klare Aussage
- wirkt mit bei der Eintragung der Firmen in das Handelsregister
- Arbeitsrecht
- Wirtschaftsrecht

Wirtschaftsberatung

- Rentenversicherung und Altersversorgung
- Mittelstandsförderung
- unterstützt bei der Beantragung öffentlicher Finanzierungshilfen durch entsprechende Gutachten
- unterstützt nach Möglichkeit Betriebe bei der Bewerbung um öffentliche Aufträge

Betriebswirtschaftliche Beratung

- Beratung und Gutachten für staatliche Finanzhilfen und Bürgschaftsbank
- Finanzierungsfragen
- Investitionsfragen
- Betriebsanalysen
- Betriebsübergaben

Innovative Beratung

- Bauplanung
- Einrichtung
- Arbeitsorganisation
- Datenauskünfte
- ist in Umweltschutzfragen und Beseitigung von Abfällen und Sondermüll mitbeschäftigt

Aus- und Weiterbildung, Gewerbeförderung

- Gewerbeförderung
- Aus- und Weiterbildung
- Exportberatung
- Messen und Ausstellungen
- informiert über Produktions- und Firmenprogramme
- stellt auf Wunsch Adressenmaterial über bestimmte Unternehmensbereiche zur Verfügung
- sorgt für die Anbahnung von Geschäftskontakten und Geschäftsübergaben

Ausbildungswesen

- Ausbildungsverzeichnis
- An- und Abmeldung von Ausbildungs- und Umschulungsverträgen
- Rechtsfragen im Ausbildungswesen
- Prüfungswesen
- Zuerkennung der fachlichen Eignung für die Ausbildung

Weiterbildungskurse

- technische und kfm. Fort- und Weiterbildungskurse
- Vorbereitung auf die Meisterprüfung im Industriebereich
- Beratung über Weiterbildungsmöglichkeiten

Überwachungs-/Aufsichtsfunktion

- wacht über die Gesetze des unlauteren Wettbewerbs
- überprüft Maßnahmen des Handels, die Total- und Räumungsverkäufe

Alle Industrie- und Handelskammern des Bundesgebietes sind in der Spitzenorganisation des Deutschen Industrie- und Handelstages (DIHT) zusammengefaßt.

Tip 6.1

Für den Existenzgründer ist in der Vorbereitungsphase der Unternehmungsgründung ein Gespräch mit dem zuständigen Referat Gewerbeförderung der IHK besonders wichtig und sollte nicht versäumt werden.

Die IHK stellt dem Existenzgründer ein recht umfangreiches, anschauliches Informationsmaterial zur Verfügung.

6.2 Handwerkskammer (HK)

Bei der Handwerkskammer handelt es sich um eine gesetzliche Berufsstandsvertretung. Ihr gehören alle Unternehmer an, die ein Handwerk oder handwerkähnliches Gewerbe im zuständigen Kammerbereich selbständig betreiben.

Während im Bereich der IHK bei den ihr zugehörigen Gewerben und Berufen weitgehend Gewerbefreiheit herrscht, müssen im handwerklichen Bereich entsprechende Restriktionen beachtet werden und Qualifikationen (Ausbildung zum Meister) vorhanden sein.

Sämtliche durch die Handwerkskammer betreuten Betriebe werden in die von ihr verwaltete Handwerksrolle eingetragen. Damit ist sichergestellt, daß der der Kammer zugehörige Betrieb die erforderliche Qualifikation in seinem Gewerbe mitbringt.

Die Aufgaben sind im einzelnen die gleichen wie die der Industrie- und Handelskammer. Regional unterschiedlich sind Geschäftsverteilung und Zuständigkeiten. Im wesentlichen werden folgende Bereiche und Aufgaben abgedeckt:

Hauptgeschäftsführung

- Grundsatzfragen der Handwerkspolitik und Handwerksorganisation
- Öffentlichkeitsarbeit
- Deutsche Handwerkszeitung

Ausbildungsberatung

- Fragen der Lehrlingsausbildung für Auszubildende und Ausbilder
- Beilegung von Streitigkeiten aus dem Ausbildungsverhältnis

Rechtsberatung

- Eintragung in das Handelsregister und Firmenrecht
- Schiedssachen
- Sachverständigenwesen
- Wettbewerbsrecht
- VOB

Handwerksrolle

- An- und Abmeldung von Handwerksbetrieben
- Handwerksstatistiken
- Ausnahmebewilligungen
- Bekämpfung der Schwarzarbeit

Wirtschaftsberatung

- Bauleitungs- und Baurechtsfragen
- Rentenversicherung und Altersversorgung
- Arbeitsrecht
- Wirtschaftsrecht
- Mittelstandsförderung

Betriebswirtschaftliche Beratung

- Beratung und Gutachten für staatliche Finanzhilfe und Bürgschaftsbank
- Investitionsfragen

- Betriebsanalysen
- Betriebsübergaben

Technische Beratung

- Bauplanung
- Werkstätteneinrichtung
- Arbeitsorganisation

Aus- und Weiterbildung, Gewerbeförderung

- Gewerbeförderung
- Aus- und Weiterbildung
- Exportberatung
- Messen und Ausstellungen

Ausbildungswesen

- Lehrlingsrolle
- An- und Abmeldung von Ausbildungs- und Umschulungsverträgen
- Rechtsfragen im Ausbildungswesen
- Zwischen- und Gesellenprüfungswesen
- Zuerkennung der fachlichen Eignung für die Ausbildung

Weiterbildungskurse

- Technische Fort- und Weiterbildungskurse
- Vorbereitung auf die Meisterprüfung
- Beratung über Weiterbildungsmöglichkeiten

Meisterprüfungswesen

- Anmeldung zur Meisterprüfung
- Vorzeitige Zulassung zur Meisterprüfung

Über Fragen und Aufgaben, die über diese stichwortartig aufgezählten Angaben hinausgehen, gibt Ihnen auf Anfrage gerne der in der Handwerkskammer zuständige Betriebsberater Auskunft.

6.3 Stadt-/Gemeindeverwaltung/Ordnungsamt

Die für das Gewerberecht zuständige Behörde ist die Stadt-/Gemeindeverwaltung bzw. das zuständige Ordnungsamt. Ihr obliegt die Erteilung von Genehmigungen zur Gründung eines Gewerbes und die Erhebung der Gewerbesteuer. Sie überwacht vor allem alle gewerblichen Vorschriften der Gewerbeordnung für den Betrieb eines Gewerbes.

Es müssen diesen Stellen folgende Tatbestände angezeigt werden:

- Gründung
  - eines selbständigen Betriebes
  - eines stationären Gewerbes
- Einrichtung
  - einer Zweigniederlassung
  - einer unselbständigen Zweigstelle
- Verlegung des Betriebes
- Wechsel oder Ergänzung von Gegenstand der Gewerbetätigkeit
- Aufgabe des Betriebes

Hierzu ist nach § 14 Gewerbeordnung (GEWO) bzw. § 55C GEWO sowie § 1 Gewerbeanzeigenverordnung (GEWANZV) eine Gewerbeanmeldung erforderlich.

Tip 6.2

Die Gewerbeausübung ist grundsätzlich vor Aufnahme der Geschäftstätigkeit des Betriebes anzuzeigen.

Bei der Gründung von Kapitalgesellschaften kann die Anmeldung erst nach Eintragung in das zuständige Handelsregister erfolgen. Das zuständige Amtsgericht und die eingetragene Handelsregisternummer sind bei der Gewerbeanmeldung mit anzugeben; außerdem werden

- Informationen zur Firma,
- Inhaber oder Geschäftsführer,
- exakte Anschrift des Betriebes,
- Art und Inhalt der durchzuführenden Tätigkeit,
- Beginn der angemeldeten Tätigkeit und Aufnahme des ordentlichen Geschäftsbetriebes und
- Angaben über Anzahl der voraussichtlichen Beschäftigten verlangt.

Falls es sich bei dem zu gründenden Betrieb um einen Handwerksbetrieb handelt, sollte die Anmeldung und Eintragung zur Handwerksrolle bereits zu diesem Zeitpunkt erfolgt sein, denn wie folgend im Auszug aufgeführt, können Strafen ausgesprochen und eine weitere Ausübung verhindert werden.

Bei der Gewerbeanmeldung ist folgendes zu beachten (Text auf der Rückseite der Anmeldung, hier in Auszügen wiedergegeben):

„Diese Bescheinigung allein berechtigt nicht zum Beginn oder zur Änderung eines Gewerbebetriebes, wenn noch eine besondere Erlaubnis oder die Eintragung in die Handwerksrolle notwendig ist; Zuwiderhandlungen sind strafbar. Die Fortsetzung des Betriebes kann verhindert werden, solange die gesetzlichen Voraussetzungen nicht erfüllt sind.

Ausländische juristische Personen bedürfen zum Gewerbebetrieb im Inland der Genehmigung des Wirtschaftsministeriums, wenn sie nicht durch § 12 Abs. 4 oder § 12a der Gewerbeordnung oder durch zwischenstaatliche Vereinbarungen von der Genehmigungspflicht freigestellt sind.

Ausländer (ausgenommen Staatsangehörige eines Mitgliedstaates der Europäischen Wirtschaftsgemeinschaft sowie heimatlose Ausländer oder Ausländer, die nach zwischenstaatlichen Vereinbarungen befreit sind) bedürfen einer Aufenthaltserlaubnis, nach der die Ausübung des betreffenden Gewerbes ausländerrechtlich gestattet ist.

Gewerbetreibende, die eine offene Verkaufsstelle, eine Gaststätte oder eine sonstige jedermann zugängliche Betriebsstätte, eine Spielhalle oder ein ähnliches Unternehmen betreiben oder Automaten außerhalb ihrer Betriebsräume aufstellen, haben ihren Namen (gegebenenfalls auch ihre Firma und Anschrift) nach Maßgabe des § 15a GewO an der Außenseite oder am Eingang des Betriebes bzw. an Automaten anzubringen. Gewerbetreibende, für die keine Firma im Handelsregister eingetragen ist, müssen sich nach § 15b GewO im schriftlichen rechtsgeschäftlichen Verkehr ihres Familiennamens mit mindestens einem ausgeschriebenen Vornamen bedienen."

Tip 6.3

Bei bereits gegründeten, aber noch nicht im Handelsregister eingetragenen juristischen Personen gilt die Gewerbeanmeldung bis zu ihrer Registereintragung nur als Gewerbeanzeige für die in dem Gesellschaftsvertrag oder in der Satzung angegebenen Gründer; für die juristische Person gilt die Gewerbeanmeldung erst dann, wenn der auf der Vorderseite angegebenen Behörde ein Auszug über die Registereintragung vorgelegt wird, deren Inhalt mit den Angaben in der Gewerbeanzeige übereinstimmt.

„Eine Veränderung (z. B. Wechsel des Firmeninhabers, Ein- oder Austritt eines Gesellschafters, Wechsel des Gegenstandes des Gewerbebetriebes, Ausdehnung auf Waren oder Leistungen, die bei Gewerbebetrieben dieser Art nicht geschäftsüblich sind) sowie die Aufgabe oder Verlegung des Gewerbebetriebes sind der angegebenen Behörde anzuzeigen.

Wer gewerbemäßig Personenkraftwagen oder Krafträder ohne Gestellung eines Fahrers vermietet, muß dies unverzüglich nach Beginn des Gewerbebetriebes der für die Überwachung der Fahrzeuge zuständigen Behörde (Zulassungsstelle) anzeigen.

Wer den selbständigen Betrieb eines handwerklichen Gewerbes als stehendes Gewerbe beginnt oder beendet, hat dies unverzüglich der Handwerkskammer anzuzeigen, in deren Bezirk seine gewerbliche Niederlassung liegt."

Mit dieser Gewerbeanmeldung wird gleichzeitig eine weitere Vorschrift erfüllt, nämlich die Anmeldung bei der zuständigen IHK bzw. Handwerkskammer.

Der Existenzgründer, soweit es sich um keinen Kleingewerbetreibenden handelt, erhält in der Regel nach Bestätigung der Gewerbeanmeldung durch die obengenannte Behörde innerhalb der folgenden Tage eine Bestätigung der für sein Unternehmen zuständigen IHK bzw. Handwerkskammer.

Mit der Gewerbeanmeldung ist, sofern keine Genehmigungspflicht besteht, der zuständigen Ordnungsbehörde gegenüber Genüge getan.

Tip 6.4

Erkundigen Sie sich im Zusammenhang mit der Gewerbeanmeldung bei der zuständigen IHK bzw. Handwerkskammer nach Ausnahmeregelungen.

Beispielhaft werden hier einige genehmigungspflichtige Unternehmen gesondert aufgeführt.

Industrie

Erlaubnispflicht bei der Errichtung von Anlagen, bei deren Betrieb mit Auswirkungen auf die Umwelt zu rechnen ist (Bundesimmissionsschutzgesetz) und z. B. bei der Herstellung von Waffen.

Großhandel

Genehmigungspflicht bei Handel mit Milch und Waffen; Nachweis einer besonderen Sach- und Fachkunde erforderlich (Einzelheiten sind den jeweiligen Gesetzen und Verordnungen zu entnehmen und bei der zuständigen IHK zu erfragen).

Handelsvertreter

Keine besondere Erlaubnis. Reisegewerbekarte nicht erforderlich, sofern der Handelsvertreter gewerbetreibend im Rahmen seines Geschäftsbetriebes Kunden aufsucht. Es genügt die Gewerbeanmeldung.

Einzelhandel

Erlaubnispflicht für Milchverkauf, Hackfleischverordnung, Einzelhandel mit freiverkäuflichen Arzneimitteln und ärztlichen Hilfsmitteln, Waffenhandel; es ist darüber hinaus der Nachweis der Sach- und Fachkunde erforderlich (Einzelheiten sind den jeweiligen Gesetzen und Verordnungen zu entnehmen und bei der zuständigen IHK zu erfragen).

Reisegewerbe

Wer im Umherziehen Waren vertreibt oder Dienstleistungen anbietet, benötigt - von einigen Ausnahmen abgesehen - eine Reisegewerbekarte der zuständigen Ordnungsbehörde.

Hotel- und Gaststättengewerbe

Erlaubnispflichtig. Eine Gaststättenerlaubnis wird nur erteilt, wenn der Existenzgründer zuverlässig ist und an einem Unterrichtungsverfahren bei der zuständigen IHK teilgenommen hat.

Von der Unterrichtung ist befreit, wer ab 1983 eine IHK-Prüfung im Hotel- und Gaststättengewerbe bestanden hat (Bescheinigung).

Die Betriebsräume müssen der Gaststättenordnung und den amtlichen Hygiene- und Feuerschutzvorschriften genügen.

Reisebüro

Keine besondere Erlaubnis erforderlich, es genügt die Anmeldung des Gewerbes bei der obengenannten zuständigen Behörde.

Vermittlergewerbe (Makler)

Erlaubnispflicht für die gewerbsmäßige Vermittlung von Verträgen, insbesondere Immobilien, Darlehen, Kapital- und Vermögensanlagen.

Es erfolgt die Überprüfung der persönlichen wirtschaftlichen Zuverlässigkeit und die Erstellung eines polizeilichen Führungszeugnisses.

Verkehrsgewerbe

Erlaubnis für die Beförderung von Gütern mit Kraftfahrzeugen im Güternahverkehr bis 50 km Luftlinie, vom Standort aus gerechnet.

Güterfern- und Möbelverkehr

Zuverlässigkeit, Sach- und Fachkunde sowie wirtschaftliche und finanzielle Leistungsfähigkeit sind erforderlich.

6.4 Amtsgericht

Über die Anzeige bei der zuständigen Stadt-/Gemeindeverwaltung/Ordnungsbehörde hinaus ist bei größeren Unternehmen, die einen vollkaufmännischen Geschäftsbetrieb benötigen oder unabhängig davon die Rechtsform der GmbH annehmen, eine Eintragung in das Handelsregister beim zuständigen Amtsgericht erforderlich (→6.3 Stadt-/Gemeindeverwaltung/Ordnungsamt).

Diese Unternehmen führen als ihren Namen eine gleichfalls im Handelsregister einzutragende „Firma“. Ohne Erfüllung der Eintragungsvoraussetzungen bzw. ohne Eintragung in das Handelssregister darf dagegen keine Firma verwendet werden. Auch firmenähnliche Zusätze, die den Eindruck einer Eintragung des Unternehmens in das Handelsregister hervorrufen können, wie z. B. „und Co.“ oder „Inhaber“, sind unzulässig.

Wer zur Führung einer Firma nicht berechtigt ist, muß im Geschäftsverkehr unter seinem ausgeschriebenen Vor- und Zunamen auftreten. Das gilt auch bei mehreren Inhabern, sie bilden dann eine Gesellschaft des bürgerlichen Rechts (GBR) und müssen auf den Geschäftsunterlagen alle mit ihrem Vor- und Zunamen genannt werden.

Tip 6.5

Das Handelsregister gibt Auskunft über die rechtlichen Verhältnisse der in ihm eingetragenen Unternehmen, über genaue Firmenbezeichnung, Sitz, Geschäftsgegenstand, Inhaber, Gesellschafter, Gesellschaftsvertrag, Kapitalverhältnisse und Namen der Prokuristen des Unternehmens. Es kann von jedem, der sich informieren will, kostenlos eingesehen werden.

Die Anmeldung zum Handelsregister, das beim zuständigen Amtsgericht geführt wird, ist durch einen Notar vorzunehmen (→6.7 Notariat).

Bei der Gründung einer GmbH ist darüber hinaus auch der Gesellschaftsvertrag durch einen Notar zu beurkunden.

6.5 Finanzamt

Mit der Gewerbeanmeldung bei der zuständigen Gemeinde- oder Stadtverwaltung oder dem Amt für öffentliche Ordnung wird auch das Finanzamt über die Betriebsgründung in Kenntnis gesetzt.

Unabhängig von diesem Routinevorgang ist es für den Existenzgründer empfehlenswert, durch ein formloses Schreiben die Gründung des Betriebes dem zuständigen Finanzamt zur Kenntnis zu geben oder in einem persönlichen Gespräch den für ihn zuständigen Mitarbeiter kennenzulernen.

Das Finanzamt stellt eine neue Steuernummer aus, soweit es sich um die Anmeldung einer Kapitalgesellschft oder Personengesellschaft handelt. Auch die Gründung eines ergänzenden Gewerbebetriebes des Ehepartners erfordert neben dem Betrieb des Existenzgründers eine eigene Steuernummer für Betriebssteuern (Umsatz-, Gewerbe- und Lohnsteuer).

Soweit der Existenzgründer zur Einkommensteuer veranlagt wurde und den Betrieb in Form einer Einzelfirma führt, ist die Vergabe einer neuen Steuernummer nicht erforderlich.

Da Sie als späterer Unternehmer mittelbar über den Steuerberater oder unmittelbar ständig mit dem Finanzamt zu tun haben werden, ist es sinnvoll, von Anfang an je nach Anforderung mit den zuständigen Beamten ein klärendes Gespräch zu führen, wesentliche Dinge in einer Aktennotiz festzuhalten und unter Umständen bestätigen zu lassen. Auch eine mögliche spätere Delegation steuerlicher Aspekte an einen oder mehrere Steuerberater sollte Sie nicht von einem persönlichen Besuch beim zuständigen Finanzamt abhalten.

Tip 6.6

Nehmen Sie frühzeitig Kontakt mit dem zuständigen Sachbearbeiter des Finanzamts auf. Ein solches Gespräch erleichtert Ihnen die Klärung evtl. später auftretender Fragen.

Nach einem solchen Gespräch wird dem Existenzgründer ein Betriebseröffnungsbogen (BEB) zugestellt.

Neben allgemeinen Angaben zur Person und zum Inhalt/Gegenstand des zu gründenden Betriebes werden Angaben über voraussichtlichen Umsatz, Gewinn und Anzahl der zu beschäftigenden Arbeitnehmer erfragt.

Der Existenzgründer sollte den Erhebungsbogen kurzfristig (innerhalb 3 bis 4 Wochen) dem Finanzamt wieder zustellen.

Diese Angaben werden dazu benutzt, den späteren Unternehmer rechtzeitig mit den verschiedenen Formularen, Voranmeldungen und sonstigen Anträgen zu versorgen (z. B. Lohnsteuervoranmeldung bei der Beschäftigung von Arbeitnehmern).

Ansonsten werden die Umsatzgrößen mit herangezogen zur Einstufung in monatliche, vierteljährliche bzw. jährliche Umsatzsteuervoranmeldungen.

Bis zu einer Zahllast (Umsatzsteuer abzüglich Vorsteuer) von DM 6000,- kann die Voranmeldung vierteljährlich, wahlweise montlich abgegeben werden.

Die vierteljährliche Abgabe strapaziert den Existenzgründer in der Anlaufzeit organisatorisch nicht so sehr, bringt jedoch den Nachteil mit sich, daß er bei hohen Investitionen auf eine schnelle Erstattung der geleisteten Vorsteuer bei schwacher Umsatzentwicklung verzichtet.

Soweit der Unternehmer nicht in der Lage ist, für den buchhalterisch abgerechneten Vormonat die Umsatzsteuervoranmeldung fristgerecht bis zum 10. des Monats abzugeben (z. B. umfangreiche Organisation), kann eine Fristverlängerung um einen Monat generell gesondert beantragt werden.

Mit diesem Fristverlängerungsantrag (Formular) zur Abgabe der Umsatzsteuervoranmeldung wird eine Sonderzahlung in Höhe eines Elftels der voraussichtlichen Jahressteuer fällig.

Diese Fristverlängerung, die bis auf Widerruf (jährliche Verlängerung) beantragt werden kann, entbindet den Unternehmer bei häufigen Überschreitungen der ursprünglichen Frist vor Anmahnung, Säumnis- und Verspätungszuschlägen.

6.6 Sozialversicherung

Kenntnisse im Sozialversicherungsgesetz sind nicht nur für den Existenzgründer persönlich - auch mit Rücksicht auf seine Familie - wichtig, sondern auch für ihn als Verantwortlichen bei der Beschäftigung von Arbeitnehmern.

Tip 6.7

Informieren Sie sich gründlich über die Bestimmungen des Sozialversicherungsrechts. Sie benötigen diese Kenntnisse sowohl zu Ihrer persönlichen Sozialversicherung als auch in bezug auf die von Ihnen beschäftigten Arbeitnehmer.

Arbeiter und Angestellte unterliegen ohne Rücksicht auf die Höhe ihres Verdienstes der Versicherungspflicht in der Renten- und Arbeitslosenversicherung.

In der gesetzlichen Krankenversicherung besteht für die gewerblichen Arbeitnehmer grundsätzlich Versicherungspflicht. Zuständig für die Versicherung sind die gesetzlichen Kassen (Pflichtkassen), zum Beispiel

- Allgemeine Ortskrankenkasse (AOK)
- Betriebskrankenkasse (BKK)
- Innungskrankenkasse (IKK).

Angestellte und Arbeiter unterliegen der Krankenversicherungspflicht, wenn ihr Gehalt/Lohn die Jahresverdienstgrenze (1990: DM 56700,-) nicht überschreitet. Zuständig sind zunächst ebenfalls die Pflicht- oder gesetzlichen Krankenkassen (AOK, BKK und IKK). Die Angestellten können aber eine Ersatzkasse wählen, zum Beispiel

- Barmer Ersatzkrankenkasse,
- Deutsche Angestellten Krankenkasse,
- Kaufmännische Krankenkasse Halle,
- Technikerkrankenkasse
- und weitere.

Liegt der Verdienst des Angestellten oder Arbeiters über der Jahresarbeitsverdienstgrenze und besteht somit Versicherungsfreiheit in der Krankenversicherung, kann er sich in der gesetzlichen Krankenversicherung (Pflichtkrankenkassen und Ersatzkassen) freiwillig weiterversichern oder bei einem privaten Krankenversicherungsunternehmen einen Versicherungsvertrag abschließen.

Selbständige haben die Möglichkeit, sich in der privaten Krankenversicherung zu versichern. Bei den privaten Krankenversicherungen handelt es sich um Versicherungsgesellschaften. Eine Beitrittsmöglichkeit in die gesetzliche Krankenversicherung besteht nicht, jedoch kann sich der Selbständige freiwillig dort weiterversichern, sofern er bereits Mitglied ist. Bei einem Übertritt in die private Krankenversicherung gibt es keine Rückkehr in die gesetzliche Krankenversicherung.

Unterliegt ein Arbeitnehmer der Versicherungspflicht in der gesetzlichen Sozialversicherung, ist er bei Arbeitsaufnahme vom Arbeitgeber bei der zuständigen Krankenkasse anzumelden. Das notwendige Formular ist dem Versicherungsnachweisheft des Beschäftigten zu entnehmen, das der Arbeitnehmer bei Arbeitsaufnahme vorlegt.

Nimmt der Arbeitnehmer erstmals eine Beschäftigung auf, wird ihm mit der ersten Anmeldung ein Versicherungsnachweisheft zugeschickt.

Mit Ablauf eines jeden Kalenderjahres und bei Beendigung des Arbeitsverhältnisses hat der Arbeitgeber die entsprechenden Entgeltmeldungen aus dem Versicherungsnachweisheft der Krankenkasse einzureichen.

Mit den Meldungen bei der gesetzlichen Krankenkasse werden der zuständige Rentenversicherungsträger und die Bundesanstalt für Arbeit automatisch durch die Krankenkasse benachrichtigt.

Die fälligen Sozialversicherungsbeiträge sind vom Arbeitgeber an die zuständige Krankenkasse zu zahlen. Diese leitet dann die Renten- und Arbeitslosenversicherungsbeiträge an die anderen Sozialversicherungsträger weiter.

Die Krankenkassen halten Informationsmaterial bereit und geben bei konkreten Fragen Auskunft.

Selbständige unterliegen in der Regel nicht der Versicherungspflicht in der gesetzlichen Rentenversicherung. Der einzelne sollte daher selbst entsprechende Vorsorge treffen. Die örtlichen Auskunfts- und Beratungsstellen der Landesversicherungsanstalt (LVA) und der Bundesversicherungsanstalt für Angestellte (BfA) geben unter Vorlage der persönlichen Rentenversicherungsunterlagen gerne Auskunft.

6.7 Notariat

Im Zusammenhang mit der Existenzgründung wird die Hinzuziehung eines Notars erforderlich, wenn - bedingt durch Art und Inhalt der Unternehmung - eine Eintragung in das Handelsregister erforderlich wird.

Die Eintragung in Form einer Urkunde beim zuständigen Handelsregister, vorgenommen durch den Notar, enthält Name und Anschrift des Inhabers, den Namen der Firma und die Angabe des Betriebsgegenstandes.

Gleichzeitig wird unter Angabe der kompletten Geschäftsadresse die Erteilung eines beglaubigten Handelsregisterauszuges beantragt.

Wird die Existenzgründung in Rechtsform einer GmbH durchgeführt, wird sowohl die Satzung der zu gründenden Gesellschaft als auch die Neuanmeldung der GmbH beim Handelsregister notariell vorgenommen.

Der Anmeldung der GmbH beim Handelsregister ist neben der Urkunde in der Anlage eine Ausfertigung des Gesellschaftsvertrages und eine Liste der Gesellschafter beizufügen.

Die Gesellschafterliste enthält neben Angabe der Firma die Anschriften der Gesellschafter mit ihrer gezeichneten Stammeinlage. Der Gesellschaftervertrag enthält mindestens die Kapitel:

- Firma, Sitz, Gegenstand
- Stammkapital, Gesellschafter
- Geschäftsführung, Vertretung
- Jahresabschluß
- Abtretung von Geschäftsanteilen
- Einziehung von Geschäftsanteilen
- Stimmrecht, Gesellschafterversammlung
- Auslösung und Liquidation
- Schlußbestimmungen

6.8 Unternehmensberater

Aufgabe der Unternehmensberater ist es, zeitweise oder permanent Know-how zur Verfügung zu stellen, schwerpunktmäßig zur Lösung bestimmter betrieblicher Belange.

Es handelt sich hierbei entweder um externe freiberufliche Berater oder um Beratungshäuser, die im Rahmen ihrer Dienstleistungspakete ein größeres Leistungsspektrum abdecken.

Durch Unternehmensberater können schwerpunktmäßig beispielsweise die Bereiche Finanzierung, Akquisition/Vertrieb, Marketingkonzeption, Aufnahmen von Geschäftsbeziehungen und Vermittlung von Aufträgen, Betriebsneugründungen, Änderungen und Auflösungen sowie Geschäftszusammenschlüsse abgedeckt werden.

Tip 6.8

Für viele Unternehmen gehören die steuerliche und rechtliche Beratung durch Steuerberater und Rechtsanwälte und die Dienstleistungen eines Unternehmensberaters zu betriebswirtschaftlichen Themen standardmäßig zusammen.

Während steuerliche und rechtliche Aufgaben den jeweiligen Berufsständen vorbehalten bleiben, steht die betriebswirtschaftliche Beratung im Vordergrund der Dienstleistungen eines Unternehmensberaters.

Um auch kleinen Betrieben (beispielsweise 1 bis 50 Personen) den erforderlichen Know-how-Transfer für die betriebswirtschaftlichen Bereiche zu ermöglichen, sind durch die öffentliche Hand Programme geschaffen worden, die die Förderung von Unternehmensberatungen für kleine und mittlere Unternehmen zum Inhalt haben.

Tip 6.9

Programme zur Förderung von Unternehmensberatungen sind für erstmalige Existenzgründungen in der gewerblichen Wirtschaft besonders interessant, da der Antragsteller für einen bestimmten Zeitraum vor und nach der Unternehmensgründung Zuschüsse zu den entstehenden Beratungskosten beantragen kann.

6.9 Steuerberater

Nach der Abgabenordnung sind Steuern einmalige oder laufende Geldleistungen, für die unmittelbar keine Gegenleistungen verlangt werden können. Im Gegensatz dazu stehen Gebühren und Beiträge, die Entgelte für die Inanspruchnahme von öffentlich-rechtlichem Gemeinwesen darstellen.

In diesem Zusammenhang soll ein Kurzüberblick über die auf den Existenzgründer zukommenden Steuern gegeben werden.

- **Umsatzsteuer/Mehrwertsteuer**

Bedingt durch die Verkettung verschiedener selbständiger, aufeinander folgender Wirtschaftsstufen wird mit der Mehrwertsteuer der jeweilige Mehrwert der einzelnen Wirtschaftsstufe versteuert und auf die nächste Wirtschaftsstufe übertragen und kann dort als Vorsteuerbetrag verrechnet werden.

- **Vorsteuer**

Die Vorsteuer stellt die Mehrwertsteuer des Betriebes, der in der vorgelagerten Wirtschaftsstufe Umsätze getätigt hat, dar.

Als Unternehmer können Sie diese bezahlten Steuern als Vorsteuer unter gewissen Umständen berücksichtigen.

- **Einkommensteuer**

Die Einkommensteuer ist eine Personensteuer und knüpft an das innerhalb des Veranlagungszeitraumes von einer Person erzielte Einkommen an.

- **Lohnsteuer**

Die Lohnsteuer ist eine Unterart der Einkommensteuer. Eine Besonderheit dieser Steuer ist in der Verpflichtung der Arbeitgeber zu sehen, diese Lohnsteuer einzubehalten und für den Arbeitnehmer abzuführen.

- **Körperschaftsteuer**

Während natürliche Personen der Einkommensteuer unterliegen, wird diese Steuer bei juristischen Personen, wie z. B. bei GmbH und Aktiengesellschaft, Körperschaftsteuer genannt.

- **Gewerbesteuer**

Die Gewerbesteuer wird nicht an das Finanzamt, sondern an die Gemeinde abgeführt. Es handelt sich hierbei um eine Gemeindesteuer, die zwar in Form von Meßbeträgen durch das Finanzamt festgelegt, jedoch von der Gemeinde durch sogenannte Hebesätze beeinflußt wird.

- **Gesellschaftssteuer**

Die Gesellschaftssteuer wird vom zuständigen Landesfinanzamt für die Gründung von Kapitalgesellschaften erhoben und ist abhängig von der Höhe des Stammkapitals.

Darüber hinaus können noch weitere Steuern wie Schenkungssteuer, Erbschaftssteuer, Grundsteuer, Vermögenssteuer, Salzsteuer, Getränkesteuer, Vergnügungssteuer etc. anfallen.

Tip 6.10

Gerade für Existenzgründer ist es sinnvoll, ein baldiges Gespräch mit dem Steuerberater zu führen.

Zum anderen ist der Unternehmer bei Außenprüfungen durch das Finanzamt diesem nicht schutzlos ausgeliefert. Er kann sich durch seinen Steuerberater vertreten lassen.

6.10 Bundesversicherungsanstalt für Angestellte (BfA) und Landesversicherungsanstalt (LVA)

Die Bundesversicherungsanstalt für Angestellte ist der zentrale Träger der Rentenversicherung der Angestellten mit Sitz in Berlin (BfA, Postfach, 1000 Berlin 88).

Die BfA betreut rund 17 Millionen Versicherte in der Bundesrepublik Deutschland einschließlich West-Berlin. Die Aufgaben des Rentenversicherungsträgers gehen von der Aufklärung und Beratung der Versicherten über die Führung des laufenden Beitragskontos, die Erhaltung der Arbeitskraft und die Sicherung des Arbeitsplatzes durch medizinische und berufliche Rehabilitation bis hin zur Feststellung und Zahlung der Rente.

Die BfA hat ein Netz von Informations- und Beratungsstellen geschaffen, die dem direkten Kontakt zwischen der Berliner Verwaltung und den Versicherten in allen Ansprüchen gerecht werden soll.

Erkundigen Sie sich bei Ihrer zuständigen Industrie- und Handelskammer, Handwerkskammer oder einem Unternehmensberater, wo die nächste für Sie zuständige Beratungsstelle der BfA ansässig ist, oder schreiben Sie direkt an den zuvor genannten Geschäftsstellensitz der BfA in Berlin.

Tip 6.11

Es ist für einen potentiellen Existenzgründer ohne Rücksicht auf die spätere Unternehmens- und Rechtsform besonders wichtig, rechtzeitig ein Informationsgespräch mit der BfA geführt zu haben, um besonders während der Existenzgründung und der Zeit der Existenzfestigung die dem Jungunternehmer zustehenden Unterstützungs- und Hilfemöglichkeiten optimal ausnutzen zu können.

Zu diesen Unterstützungshilfen gehört zum Beispiel der zweijährige Entscheidungsfreiraum hinsichtlich einer Fortführung der Pflichtversicherung oder einer freiwilligen Weiterversicherung.

Dieser Freiraum, die Weiterversicherung auf freiwilliger Basis mit einem entsprechenden monatlichen/jährlichen Mindestbetrag vorübergehend auf zwei Jahre zu nutzen, kann zu existenziell erforderlichen Liquiditätsfreiräumen für das neugegründete Unternehmen führen.

Folgende Beratungsstellen sind eingerichtet (Stand 1985):

1000 Berlin 31 Wilmersdorf
2000 Hamburg
2300 Kiel
2800 Bremen
3000 Hannover
3300 Braunschweig
3500 Kassel
4000 Düsseldorf
4300 Essen
4400 Münster
6000 Frankfurt
6300 Gießen
6500 Mainz
6600 Saarbrücken
6800 Mannheim
7000 Stuttgart
7500 Karlsruhe
7800 Freiburg
7900 Ulm
8000 München

4500 Osnabrück
4600 Dortmund
4800 Bielefeld
5000 Köln
5300 Bonn
8400 Regensburg
8500 Nürnberg
8700 Würzburg
8900 Augsburg

Folgende Themenbereiche können durch die Teilnahme an kostenlosen Informationsveranstaltungen sowie durch unentgeltlich zur Verfügung gestelltes Arbeits- und Informationsmaterial abgedeckt werden:

- **Unsere Sozialversicherung**

Aufgaben und Leistungen der Sozialversicherung, insbesondere der Rentenversicherung der Angestellten

- **Die freiwillige Beitragsentrichtung**

Bargeldlose Beitragsentrichtung für freiwillig Versicherte und selbständige Antragsverfahren mit Auswirkung auf die Rentenhöhe

- **Die Leistungen der Rentenversicherung**

Rentenarten, Rentenbezug und Weiterarbeit, Krankenversicherung bei Rentenbezug, Voraussetzungen für Heilmaßnahmen.

- **Der Versorgungsausgleich**

Neue Unterhaltsregelung, Versorgungsausgleich, Splitten der Anwartschaften, Dispositionsfreiheit der Parteien, die Erziehungsrente.

- **Jeder Monat zählt**

Welche Faktoren bestimmen die Rentenhöhe? Beitrags-, Ersatz- und Ausfallzeiten in der Rentenversicherung und deren Nachweis.

- **Wie errechne ich meine Rente?**

Den Teilnehmern werden Hinweise gegeben, wie sie anhand eines Rentenberechnungsbogens die Rentenhöhe selbst feststellen können.

- **Renten und Arbeit**

Hinzuverdienstgrenzen für Bezieher von Altersruhegeld, Renten wegen Berufsunfähigkeit oder Rente wegen Erwerbsunfähigkeit, Krankenversicherung und Steuerpflicht bei Weiterarbeit neben der Rente.

- **Rentenleistungen**

Überblick über die verschiedenen Rentenarten für Versicherte und Hinterbliebene, Erläuterungen zum Rentenantrag, Rentenzahlung durch die Deutsche

Bundespost, Krankenversicherung der Rentner, Rentenansprüche bei Auslandsaufenthalten.

- **Tips für Senioren**

Es wird erläutert, welche Rechte und Pflichten jeder Rentenbezieher hat. Hinweise zur Krankenversicherung der Rentner und auf Leistungsansprüche nach anderen Gesetzen (z. B. Wohngeld, Sozialhilfe), Vergünstigungen für Rentner.

6.11 Post- und Fernmeldeamt

Mit der Einrichtung und Unterhaltung eines neuen Unternehmens/Betriebes und der Inanspruchnahme der Dienstleistungen der Deutschen Bundespost sind besondere Kriterien zu berücksichtigen.

Bei der Einrichtung von Kapitalgesellschaften ist die Gesellschaft bei dem zuständigen Amtsgericht in das Registergericht einzutragen. Bei Beantragung des Telefon- oder Telexanschlusses, eines Postfaches und sonstiger post-/fernmeldespezifischer Einrichtungen ist der Registerauszug vorzulegen.

Mit Etablierung des Unternehmens wird der Existenzgründer automatisch Kunde der Bundespost. Viele Kunden der Post wissen oft nicht, wie vielfältig sie mit dieser zusammenarbeiten können und welche Vorteile sich ihnen unter Umständen bieten.

Ohne Rücksicht auf Art und Inhalt des Unternehmens werden fast alle Nachrichten und sonstigen Informationen, aber auch Waren und Güter über die Deutsche Bundespost abgewickelt.

Das neue Unternehmen ist gehalten, dabei gewisse Regeln zu beachten, damit in der späteren Unternehmensentwicklung keine zusätzlichen Kosten oder Verluste entstehen.

Ein Beispiel: die grafische Gestaltung von Umschlägen, mit denen später Schriftstücke versendet werden sollen.

Es müssen DIN-Formate eingehalten und Freiräume für die Adresse und den Absender vorgesehen werden. Dies und die eigentliche Gestaltung für Firmen- oder Produktembleme zwingen den Existenzgründer, sich mit Einzelheiten auseinanderzusetzen.

Die stetige Automatisierung und Einführung elektronisch gesteuerter Briefverteilungssysteme erfordert z. B. einen besonderen Platz für den anzubringenden Strichcode. So muß am unteren Rand entlang der ganzen Sendung eine Kodierzone von 1,5 cm Breite frei von allen Angaben bleiben.

Es wird dringend empfohlen, sich in Zweifelsfällen vor Gestaltung von Briefköpfen und Umhüllungen mit dem Postamt in Verbindung zu setzen.

Tip 6.12

Zweckmäßigerweise wird dem Existenzgründer empfohlen, während der Unternehmensvorbereitung die Beratungsdienste der Bundespost und des Fernmeldeamtes aufzusuchen. Diese Beratungsdienste sind in allen Postämtern mit Verwaltungsdienst und in Städten, deren vierstellige Postleitzahl in der letzten Stelle eine Null enthält, zu finden.

Über dieses obengenannte Beispiel hinaus kann der Existenzgründer auf vielfältige Art und Weise mit der Post bzw. dem Fernmeldeamt zusammenkommen.

Hier einige Punkte zur Gedankenstütze:

- **Antrag auf Erteilung einer Postvollmacht**

Der postbevollmächtigte Empfänger kann eine oder mehrere Personen bevollmächtigen, die für ihn bestimmten Postsendungen anzunehmen.

Juristische Personen, Gesellschaften oder Gemeinschaften müssen indessen einen oder mehrere Postbevollmächtigte bestellen, damit Postsendungen an diese überhaupt ausgeliefert werden können.

Tip 6.13

Die Postvollmacht muß vom Empfänger auf einem postalischen Formblatt bei dem zuständigen Postamt eingereicht werden, wobei die Unterschrift des Vollmachtgebers amtlich unter Vorlage des Personalausweises beglaubigt wird.

- **Antrag auf Abholung von Postsendungen**

Zum Einrichten eines Postfaches oder der preiswerten Nutzung als Selbstabholer von Postsendungen ist die Einreichung eines Formblattes „Abholung von Postsendungen" erforderlich.

Dies gilt besonders für Betriebe, bei denen der Waren- und Güterverkehr bereits in kleinen Mengen über die Postdienste abgewickelt wird.

- **Selbstbuchen von Postsendungen**

Firmen mit ständig höheren Einlieferungsquoten an Paket-/Einschreib- oder Wertsendungen wird empfohlen, „Selbstbucher" zu werden; d. h. Wählen eines besonderen Einlieferungsverfahrens (kein Schalterdienst) unter Nutzung günstigerer Tarife, Verzicht von Barzahlungen und Gebühren und eines vereinfachten Abwicklungssystems. Dieses rationelle Verfahren erfreut sich mit rund 70% Beteiligung aller Betriebe seit Jahrzehnten bei vielen Betrieben großer Beliebtheit. Im übrigen: Selbstgebuchte Pakete sind billiger! Fragen Sie Ihr Postamt.

- **Antrag auf Eröffnung eines Postgirokontos**

Zur Einrichtung eines Postgirokontos, früher Postscheckkonto genannt, ist ebenfalls die Antragstellung auf einem speziellen Formblatt erforderlich.

Das Postgirokonto ist eine Art Bankkonto, weist aber gegenüber den übrigen Bankkonten einige Besonderheiten auf, die sich aus der unmittelbaren Verbindung mit den übrigen Postdiensten ergeben.

So können z. B. mittels Zahlkarte vom Schalter jedes Postamtes Auszahlungen unmittelbar auf das Postgirokonto des Empfängers geleistet werden. Die meisten Überweisungen werden als Buchungen von Girokonto zu Girokonto vorgenommen.

Aus der Verbindung mit den Postdiensten ergeben sich **Erleichterungen** für den Postgiroteilnehmer. So können z. B. Aufträge in gelben Postgiroumschlägen **unfrankiert** in jeden Postbriefkasten geworfen werden, und über jede Buchung wird ein **kostenloser** Kontoauszug per Teilnehmer ausgestellt. Bei einem Postamt Ihrer Wahl erhalten Sie von Ihrem Postgirokonto Bargeld im Wege des Postbarscheckverfahrens.

- **Anmeldung eines Hauptanschlusses für Ihr Unternehmen als Fernsprechteilnehmer im Nachrichtenbereich**

In vielen Städten unterhält die Post sogenannte Telefonläden, in denen Produktpaletten, besondere Leistungen und Informationen zur Vorbereitung und Einrichtung des Telefondienstes erfragt werden können.

Wenn Telefonläden nicht zur Verfügung stehen, geben Ihnen die zuständigen Beratungsdienste des Fernmeldeamtes die erforderliche Auskunft. Setzen Sie sich deshalb bitte **rechtzeitig** mit dieser Dienststelle in Verbindung.

Tip 6.14

Bei allen post- und fernmeldeamtlichen Anträgen gilt, daß die Anmeldung beim zuständigen Gewerbeamt erfolgt sein muß; Bereithaltung des Gewerbescheines und eines gültigen Personalausweises bzw. bei Gesellschaften, Vereinen und sonstigen Gemeinschaften z. B. entsprechende Auszüge aus dem Handels-/Vereinsregister, aus denen für die Post bzw. das Fernmeldeamt die zeichnungsberechtigte Person ersichtlich ist.

- **Direktwerbung**

Im Bereich der Direktwerbung ist ebenfalls die Post ein möglicher Ansprechpartner für Ihr Unternehmen. Ob Sie bestimmte Sendungen z. B. als Briefdrucksache, Warensendung, Massendrucksache, Wurfsendung etc. benutzen, kann kostenseitig recht unterschiedlich sein.

Zu diesem Zweck halten die Beratungsdienste ein vielseitiges Spektrum an Material bereit, das für den Existenzgründer im Vorfeld seiner Unternehmungsgründung zur Information sehr wichtig sein kann.

Beispielhaft seien hier folgende Titel aufgeführt, auf die Sie bei telefonischer oder persönlicher Kontaktaufnahme mit dem zuständigen Beratungsdienst hinweisen können:

- Das Postwesen von A–Z, Informationen und Tips
- Werben per Post, eine Information zum Einsatz des Instrumentes Direktwerbung
- Anleitung zur Benutzung des Postgirokontos
- Das Postpaket und weitere Angebote für den rationellen Warenversand
- Der Telebrief
- Ihr Brief als Fernkopie, national und international
- Merkblätter über Drucksachen, Massendrucksachen und Wurfsendungen
- Das aktuelle Postgebührenheft
- Die Post informiert zum Thema Umzug
- Die Post informiert über Aufschrift und Absenderangabe auf Postsendungen (Briefe verschiedener Formate und Paketsendungen)

Tip 6.15

Um über die postalischen Dienstleistungen und Änderungen jederzeit aktuell informiert zu werden, ist es sinnvoll, die kostenlose Information „Der Postbrief“ für Postkunden bei dem zuständigen Postamt bzw. der Versandstelle für den Postbrief (Postamt 1, Postfach 100001, 8400 Regensburg 1) zu bestellen. Der Postbrief erscheint sporadisch 4 bis 6mal im Jahr.

6.12 Energieversorgung, Stadtwerke

Nicht nur die Einrichtung größerer Industriebetriebe, sondern auch bereits die Installation kleinerer Unternehmen, ob Büroräume, Werkstatt oder kleinere Fabrikationsräume, machen eine systematische Planung der Energieversorgung erforderlich. Hier sind im elektrischen Bereich Verzeichnisse der einzelnen Geräte, Maschinen und Aggregate zu erstellen, die mit 220 Volt Wechselstrom, 380 Volt Drehstrom etc. bedient werden müssen.

Es wird eine detaillierte Planung zur Verlegung der Stromleitungen, Steckdosen, Zähler, Zwischenzähler und Sicherungskästen notwendig. Nicht nur die elektrische Versorgung, sondern auch Wasseranschlüsse, die Klärung eventueller Abwässer und die Auslegung von Heizkörpern für die Wärmegewinnung müssen berücksichtigt werden.

Bei der Übernahme von Betrieben und größeren Betriebsgeländen ist die Lagerfähigkeit an Brennmaterialien (Öltank, Kohlelager etc.) zu überprüfen, inwieweit diese den Anforderungen des neuen Betriebes gerecht wird. Bei allen Fragen, die diese Themenbereiche betreffen, werden Ihnen die Mitarbeiter der zuständigen Energie- und Versorgungsunternehmen gerne behilflich sein.

6.13 Arbeitsamt

Tip 6.16

Mit der Gründung eines Unternehmens ist das zuständige Arbeitsamt über das Vorhaben zu informieren und das Buch „Schlüsselverzeichnis für die Angaben zur Tätigkeit in den Versicherungsnachweisen“ anzufordern.

In den Versicherungsnachweisen der gesetzlichen Kranken- und Rentenversicherungen sind Angaben zur Tätigkeit des Arbeitnehmers in verschlüsselter Form zu machen.

Mit Hilfe des vorliegenden Schlüsselverzeichnisses können die Schlüsselzahlen, die im Feld „Angaben zur Tätigkeit“ in den Versicherungsnachweisen einzutragen sind, festgestellt werden.

Die Angaben zur Tätigkeit in den Versicherungsnachweisen der gesetzlichen Kranken- und Rentenversicherung ermöglichen es der Bundesanstalt für Arbeit mittels elektronischer Datenverarbeitung, eine Statistik der beschäftigten Arbeitnehmer zu führen.

Damit kann die Bundesanstalt ihren gesetzlichen Auftrag erfüllen, Umfang und Art der Beschäftigung sowie die Lage der Entwicklung des Arbeitsmarktes in beruflicher und wirtschaftlicher Hinsicht zu beobachten.

Die Informationen werden auch für die Erledigung der Aufgaben wie Arbeitsvermittlung, Berufsberatung, Förderung der beruflichen Bildung, berufliche Rehabilitation usw. benötigt.

Dieses Schlüsselverzeichnis wird von der Bundesanstalt für Arbeit herausgegeben und kann nach Bedarf bei allen Arbeitsämtern kostenlos angefordert werden.

Interessenten erhalten auf Wunsch vom Arbeitsamt zusätzlich kostenlos ein systematisches Verzeichnis der Berufsbenennungen.

Tip 6.17

Da das Schlüsselverzeichnis ein unentbehrliches und immer wieder zu benutzendes Hilfsmittel für alle ist, die für die Abgabe der Meldungen zur Kranken- und Rentenversicherung verantwortlich sind, sollten Sie es rechtzeitig anfordern und sorgfältig aufbewahren.

Sofern Sie über die reine Unternehmungsgründung hinaus die Beschäftigung von Personal beabsichtigen und zu diesem Zweck geeignete Stellen schaffen möchten, haben Sie die Möglichkeit, neben regionaler Tagespresse und persönlichen Empfehlungen auch die Dienste des Arbeitsamtes in Anspruch zu nehmen.

Zu diesem Zweck führen Sie bitte ein (Telefon)gespräch mit der für Ihren Bereich bzw. die zu besetzende Stelle zuständigen Arbeitsvermittlung.

Diese wird Ihnen gerne Auskunft über den augenblicklichen Arbeitsmarkt geben und Sie zur Erstellung eines Stellenangebotes auffordern.

Dieses Stellenangebot soll die wesentlichen Eckdaten wie z. B. Angaben zum Unternehmen:

- Firmenanschrift,
- Geschäftszweig,
- Zahl der Beschäftigten

und Angaben zur gewünschten Arbeitskraft:

- Voll-/Teilzeit
- Tätigkeitsbeschreibung,
- fachliche Voraussetzungen,
- Schwerbehinderte,
- Ausländer,
- geforderte Qualifikationsnachweise,
- Fremdsprachen,
- Verdienstpausen

enthalten.

6.14 Berufsgenossenschaften

Zu den Sozialversicherungsträgern zählen die Berufsgenossenschaften, die Hauptträger der gesetzlichen Unfallversicherung, einem Zweig der Sozialversicherung, sind.

Nach Deutschem Recht sind alle Arbeitnehmer kraft Gesetzes unfallversichert. Unternehmer können sich freiwillig versichern. Bei Arbeitsunfällen und Berufskrankheiten müssen Leistungen an die Versicherten gewährt werden.

Träger der gesetzlichen Unfallversicherung sind 34 gewerbliche (z. B. See-Berufsgenossenschaften) und 19 landwirtschaftliche Berufsgenossenschaften.

Jeder aufgrund eines Arbeits-, Dienst- oder Ausbildungsverhältnisses Beschäftigte ist ohne Rücksicht auf Alter, Geschlecht, Höhe seines Einkommens und unabhängig davon, ob es sich um eine ständige oder nur vorübergehende Tätigkeit handelt, kraft Gesetzes gegen die Folgen von Arbeitsunfällen und Berufskrankheiten versichert.

Die Berufsgenossenschaften erheben ihren Beitrag im Umlageverfahren der nachträglichen Bedarfsdeckung, d. h. sie legen ihre Aufwendungen nach Schluß des Geschäftsjahres auf ihre Mitglieder um. Vorschüsse auf den Beitrag können erhoben werden. Beiträge werden nach der im abgelaufenen Jahr im Unternehmen gezahlten Lohn- und Gehaltssumme und nach Veranlagung des Unternehmens zu dem Gefahrentarif berechnet.

Die Mitteilung der Eröffnung des Unternehmens muß durch den Existenzgründer binnen einer Woche der zuständigen Berufsgenossenschaft gemeldet werden.

Mit der Gewerbeanmeldung ist, sofern keine Genehmigungspflicht besteht, der zuständigen Ordnungsbehörde gegenüber Genüge getan.

Die Anmeldung bei der zuständigen Berufsgenossenschaft ist durch den Existenzgründer gesondert vorzunehmen. Welche Berufsgenossenschaft für den Existenzgründer in Frage kommt, kann beim Hauptverband der gewerblichen Berufsgenossenschaften, Landwardweg 103, 5300 Bonn 1, erfragt werden.

Nachdem die zugehörige Berufsgenossenschaft informiert wurde, wird dem Existenzgründer ein Fragebogen zu Art und Rechtsform des Unternehmens sowie mit Bitte um Angabe der Anzahl der Arbeitnehmer zugestellt.

Eine beigefügte Broschüre „Merkblatt über die gesetzliche Unfallversicherung" [5] informiert über Gliederung und Organisation, Mitgliedschaft und Finanzierung versicherter Personen, Aufgaben und Leistungen der Unfallversicherungsträger.

6.15 Versicherungen

Mit der Einrichtung neuer Unternehmen verändern sich die bisher durch den Existenzgründer gewohnten persönlichen Risiken durch das Hinzukommen neuer, betriebsbedingter Risiken.

In den Gesprächen mit Versicherern/Versicherungsmaklern soll der Existenzgründer Wert auf Erläuterungen zu den einzelnen Risiken und Versicherungsmöglichkeiten legen.

So ist es nicht notwendig, bereits mit dem ersten Gründungstag für alle nur erdenklichen Möglichkeiten Versicherungsschutz zu vereinbaren.

Im Einzelfall wird Ihnen der Versicherer/Versicherungsmakler gerne bei der Erstellung eines Versicherungskonzeptes behilflich sein und gezielte Vorschläge machen, welche relevanten Risiken abgesichert werden sollten.

> **Tip 6.18**
>
> Zum Thema Versicherung sollte der Existenzgründer bereits im Vorbereitungsstadium mehrere Versicherer befragen.
>
> Alternativ besteht die Inanspruchnahme von speziellen Versicherungsmaklern, die aufgrund ihres Dienstleistungsspektrums mit verschiedenen Versicherern zusammenarbeiten und marktgerechte Angebote erstellen.

Die wichtigsten Versicherungs- und Risikomöglichkeiten sind

für Gebäude

- Feuerversicherung inkl. Blitzschlag und Explosion
- Leitungswasser
- Sturm

Im Zusammenhang mit der Feuerversicherung wird ein Brand wie folgt definiert:

Brand = Feuer, das durch einen bestimmungswidrigen Herd entstanden ist oder ihn verlassen hat und sich aus **eigener Kraft** auszubreiten vermag.

Für Leitungswasser gilt:

Schäden durch Frost oder Rohrbruch an den der Wasserversorgung dienenden Zu- und Ableitungs**rohren.** Einschluß von wasserführenden Rohren außerhalb des Versicherungsgrundstückes möglich.

Sturmversicherung:

Als Sturm gilt eine wetterbedingte Luftbewegung von mindestens Windstärke 8.

In einzelnen Bundesländern bestehen zur Feuerversicherung unterschiedliche staatliche Vorschriften mit teilweise erweitertem Versicherungsschutz (z. B. Baden-Württemberg: Feuer- **und** Elementarschäden).

für Ausstattung (Ware, Maschinen, Einrichtung)

- Feuerversicherung (oben unter Gebäude)
- Feuer-Betriebsunterbrechungsversicherung: Im Anschluß an Brandschäden können Ausfallkosten wie Betriebsgewinne und Kosten, Löhne und Gehälter, Provisionen etc. abgesichert werden.
- Einbruch-Diebstahlversicherung: Versicherungsrechtlich ist hierbei zu beachten, daß zunächst ein Hindernis überwunden sein muß, z. B. eine **ver-**

schlossene Tür (Einbruch). Der sogenannte einfache Diebstahl ist nicht versichert.
- Leitungswasserversicherung (oben unter Gebäude)
- Glasbruchversicherung (betrifft Glasscheiben und -platten, keine Hohlkörper, z. B. Gläser)
- Sturmversicherung (oben unter Gebäude)
- Betriebshaftpflichtversicherung, erforderlich aufgrund der Haftung nach gesetzlichen Bestimmungen gegenüber Dritten (betriebsfremden Personen oder Sachen).
- Produkthaftpflichtversicherung zusätzlich zur Betriebshaftpflichtversicherung: Wesentlich erweiterter Versicherungsschutz für Schäden aus den hergestellten eigenen Erzeugnissen, Arbeiten oder sonstigen Leistungen.
- Gewässerschadenhaftpflichtversicherung, z. B. für Öltanks, Chemikalien und Kleingebinde im Betrieb. Bei der Verunreinigung des Erdreiches (Grundwasser) sind Personen-, Sach- und Vermögensschäden versichert.
- Unfallversicherung, im Regelfall über die Berufsgenossenschaft abgedeckt. Zusätzliche Erweiterung des Versicherungsschutzes durch private Unfallversicherung möglich.
- Elektronikversicherung (Schwachstromversicherung): betrifft Betriebe, die EDV und dazugehörige Datenträger, Fernschreiber, sonstige Bürogeräte einsetzen (auch Telefonanlagen).
- Maschinenversicherung: Versichert werden können sämtliche Maschinen, fahrbare Geräte und auch Maschinensteuerungen.
- Kraftfahrtversicherung: Die von Privatpersonen genützten Haftpflicht-, Kasko-, Unfall-, Gepäck- und Rechtsschutzversicherungen können im Einzelfall auch in betriebliche Versicherungsverträge eingeschlossen werden.
- Transportversicherung und Werkverkehrversicherung: Sämtliche zu befördernde Ware und Maschinen, für die der Betrieb die Haftung übernommen hat, einschließlich Transporte, die über Spedition, Bahn und Luftfracht erfolgen. Unter Werkverkehr ist die Beförderung der Waren mittels **eigenen** Fahrzeugen zu verstehen.

für Inhaber oder Mitarbeiter

Im Einzelfall gehören auch Alters- und Hinterbliebenenversorgung sowie Überlegungen grundsätzlicher Art zum Betriebserhalt in Notfällen (Ausfall der Betriebsleitung).

Welche Versicherungsverträge für den Betrieb des Existenzgründers sinnvoll sind und in welcher Ausgestaltung mit den zahlreichen möglichen Zusatzbedingungen diese abgeschlossen werden können, kann nur der Fachmann klären.

Bei einigen Verträgen ist zwar das Bedingungswerk nahezu identisch, die Prä-

mien variieren jedoch teilweise erheblich zwischen den Versicherungsgesellschaften.
Daneben gibt es noch verschiedene hier nicht angesprochene Versicherungsarten, die je nach den speziellen Bedürfnissen und dem entsprechenden Betriebszweig ausgerichtet sind.

6.16 Banken, Sparkassen

Jede Existenzgründung setzt den Einsatz von Kapital, die Einrichtung entsprechender Bankkonten zur Abwicklung des Zahlungsverkehrs und der Nutzung entsprechender Geldanlage- und Finanzierungsmittel voraus.

Zu diesem Zweck ist es für den Existenzgründer erforderlich, den Kontakt zu einer oder mehreren Banken aufzunehmen und sich danach für eine Hausbank zu entscheiden. Diese Hausbank stellt eine enge Partnerschaft für den Existenzgründer dar. Sie ist als Geschäftspartner unbedingt bei der Finanzierung der Existenzgründung - sofern öffentliche Finanzierungsmittel mit in Anspruch genommen werden sollen - erforderlich.

Tip 6.19

Bei der Vielschichtigkeit der Geschäftsbeziehung mit Banken, Sparkassen etc. ist zur Vertrauensbildung das persönliche Gespräch sowie die schriftlich vorbereitete Unternehmensbeschreibung (Exposé) sehr hilfreich.

Der Existenzgründer wird durch die Anlage eines Exposés (d. h. schriftliche Darstellung zu Person und Unternehmen, →3. Exposé) nicht nur in die Lage versetzt, zu formulieren und sich sachlich auf dieses Gespräch vorzubereiten, sondern es wird bankintern als Nachschlagewerk über die betreuten gewerblichen Unternehmen der Region herangezogen.

Wird die Geschäftspartnerschaft nach persönlich erfolgtem Gespräch durch die Bank bestätigt, genügt in Folgezeiten oft ein kurzes Telefongespräch mit dem zuständigen Referat, um auf die wertvollen Unterstützungshilfen unbürokratisch zurückgreifen zu können.

Tabellarisch werden hier Begriffe und Möglichkeiten aus Themenbereichen, die sich aus einer Beziehung mit der Bank ergeben, aufgeführt:

Geldanlageformen (sinnvolle Verwendung von aktiven Kassen- und Bankbeständen)

- Kontensparen
- Termineinlagen
- Bank- oder Sparkassenbrief
- Obligationen
- Bundesschatzbriefe
- festverzinsliche Wertpapiere
- Aktien
- Investmentzertifikate
- Immobilien
- Bausparen

Finanzierung (Zurverfügungstellen von Fremdmitteln)

- Kontokorrentkredit
- Wechsel- und Diskontkredit
- Avalkredit
- Investitionskredit
- öffentliche Finanzierungskredite

Kreditsicherheiten

- Blankokredit
- Personalkredit
- Realkredit
- Verpfänden von Sachen und Rechten
- Sicherungsabtretung
- Bürgschaft
- Ausfallbürgschaft der Kreditgarantiegemeinschaften (KGG)
- Verbürgen von Kapitalbeteiligungen

Aber auch die Nutzung von bereits aus dem Privatgebrauch in Anspruch genommenen Leistungen der Bank, wie z. B. die Benutzung eines Girokontos, Verwendung von Überweisungen und Schecks, können vom Existenzgründer für sein neues Unternehmen weiterhin in Anspruch genommen werden.

7. Öffentliche Finanzierungshilfen

Für den Existenzgründer kann es interessant sein, neben den üblichen bekannten Bankdarlehen, vereinbarten Lieferantenkrediten und Eigenkapitalmitteln öffentlich geförderte Darlehen aus staatlichen und Landesprogrammen zu beantragen.

Es gibt nur noch selten eine Existenzgründung, bei der keine öffentlichen Förderungen in Anspruch genommen werden. Es können folgende Programme in Frage kommen:

- ERP-Darlehen (Existenzgründung)
- Eigenkapitalhilfeprogramme
- Landeskreditprogramme
- Kreditgarantieprogramme
- Bürgschaftsprogramme
- Existenzgründungssparen
- Beteiligungen für junge Technologieunternehmen (JTU)

7.1 ERP-Existenzgründungsprogramm

Die ERP-Darlehen können beim Vorliegen folgender Voraussetzungen hinzugezogen und beantragt werden [6]:

- Investition zur Errichtung und Einrichtung von Betrieben sowie hiermit in Zusammenhang stehende Investitionen, die innerhalb von 3 Jahren nach Betriebseröffnung anfallen werden;
- Übernahme von Betrieben oder tätiger Beteiligung;
- Beschaffung eines ersten Warenlagers oder einer ersten Büroausstattung.

Die Unterstützung erfolgt durch die Gewährung zinsverbilligter Darlehen. Die Bemessungsgrundlage für Darlehen dieser Art ist der Kapitalbedarf für Anlagevermögen und Teile des Umlaufvermögens.

Tip 7.1

Bei den ERP-Existenzgründungsprogrammen sind Nachwuchskräfte des Handels, Handwerks, Kleingewerbes sowie des Gaststätten- und Beherbergungsgewerbes antragsberechtigt.

Der antragstellende Existenzgründer muß mindestens 21 Jahre und darf höchstens 50 Jahre alt sein.

Bei sonst gleichen Voraussetzungen werden Antragsteller bevorzugt, die bei einem Kreditinstitut über mehrere Jahre eigene Mittel angespart haben. Die Antragstellung ist nur über eine Hausbank möglich.

Die Konditionen für das ERP-Darlehen liegen bei einer Laufzeit von 10 Jahren, einer Auszahlungsquote von 100% und 2 Freijahren bei zur Zeit (Stand Frühjahr 1990) 7,5%. Die Nutzung der ERP-Darlehen ist bei festen Zinssätzen über 10 Jahre in Hochzinsphasen besonders attraktiv (Konditionen sind im Einzelfall über die Hausbank zu erfragen).

Ein Rechtsanspruch auf die Auszahlung des Darlehens besteht nicht. Es ist bei der Bewilligung der ERP-Darlehen mit einer durchschnittlichen Bearbeitungsdauer von 2 bis 3 Monaten vom Zeitpunkt der Antragstellung durch die Hausbank zu rechnen.

Tip 7.2

Es ist notwendig, daß bei Beantragung von ERP-Gründungsdarlehen alle Unterlagen vollständig zur Verfügung stehen. Sollten Teile davon, z. B. ein Vorvertrag zum Mietvertrag, nicht verfügbar sein, empfiehlt es sich, den Antrag auf jeden Fall mit den bereits vorhandenen Formularen zur Bewilligung einzureichen und fehlende Unterlagen nachzuliefern.

Bei Beantragung des ERP-Darlehens sind vom Existenzgründer folgende Punkte zu beachten:

- Antragstellung, Abwicklung und Haftung zum ERP-Kredit werden von der Hausbank übernommen. Die Kosten für die Abwicklung durch die Hausbank sind im Zinssatz enthalten.
- Der ERP-Kredit ist banküblich abzusichern.
- Das Vorhaben muß volkswirtschaftlich förderungswürdig sein.
- Zum Zeitpunkt der Antragstellung darf das Vorhaben noch nicht begonnen sein. Es muß sich um eine erstmalige Existenzgründung handeln.
- Für den Fall, daß ein Existenzgründer für sein Vorhaben banküblich Sicherheiten nicht nachweisen kann, gibt es in den Bundesländern Kredit- und Bürgschaftsprogramme. Für Baden-Württemberg kann durch die Bürgschaftsbank zur Sicherstellung eine Bürgschaft beantragt werden.
- Bis 80% der Kreditsumme können über die Bürgschaftsbank sichergestellt werden, die restlichen 20% oder mehr bleiben im Haftungsbereich der Hausbank (Abweichungen können zeitlich und etatmäßig vorkommen).

- Kommt die Stellung einer Bürgschaft zustande, muß der Existenzgründer eine einmalige Provision in Höhe von 1 bis 2% der verbürgten Summe sowie eine laufende jährliche Avalprovision in Höhe von 0,5 bis maximal 1% zahlen (Konditionen sind im Einzelfall über die Hausbank zu erfragen).

7.2 Eigenkapitalhilfeprogramm

Ergänzend zu dem obengenannten ERP-Programm wird zur Aufstockung der Eigenkapitaldecke das Eigenkapitalhilfeprogramm angeboten [7].

Tip 7.3

Mit dem Eigenkapitalhilfeprogramm werden Existenzgründungen in der gewerblichen Wirtschaft und in freien Berufen gefördert. Antragsberechtigt sind natürliche Personen bis zur Vollendung des fünfzigsten Lebensjahres, sofern sie für die beabsichtigte selbständige Tätigkeit fachlich und kaufmännisch ausreichend qualifiziert sind.

Die Eigenkapitalhilfe kann in Anspruch genommen werden bei:

- Existenzgründung
- Übernahme oder tätiger Beteiligung
- Investitionen im Zusammenhang mit einer Existenzgründung innerhalb von 2 Jahren nach Aufnahme des Geschäftsbetriebes, wenn bereits zur Existenzgründung Eigenkapitalhilfe gewährt wurde.

Folgende Punkte sind bei Antragstellung des EKH-Programmes durch den Existenzgründer zu beachten:

- Eigenkapitalhilfe wird nur gewährt, wenn die Durchführung des Vorhabens ohne Eigenkapitalhilfe wesentlich erschwert würde.
- Der Antragsteller muß über ausreichende Eigenmittel verfügen (mindestens 15% der Bemessungsgrundlage).
- Das Vorhaben muß eine nachhaltig tragfähige Vollexistenz erwarten lassen und die Bemessungsgrundlage mindestens DM 40000,- betragen.

Dem Antrag auf Gewährung von Eigenkapitalhilfe müssen folgende Dokumente beigefügt werden:

- Investitionsbedarfsplan
- Ertragsplan
- Kostenplan

- Finanzierungsplan
- Stellungnahme einer unabhängigen, fachlich kompetenten Stelle (z. B. IHK oder autorisierte Unternehmensberater)

Zum Zeitpunkt der Antragstellung darf mit der Durchführung des Vorhabens noch nicht begonnen worden sein.

Eigenkapitalhilfe wird bis zu einer Höhe von DM 300000,–, im Zonenrandgebiet und in Berlin DM 350000,– gewährt, jedoch höchstens bis zu 40% der Bemessungsgrundlage. In diesen 40% ist das eigene Eigenkapital des Existenzgründers bereits enthalten. Das Darlehen wird zu 100% ausgezahlt.

Die Laufzeit des EKH-Darlehens beträgt 20 Jahre. Davon sind die ersten 10 Jahre tilgungsfrei. In den ersten 5 Jahren werden zu einem üblichen Zinssatz Teile durch den Bund getragen (gilt nicht für tätige Beteiligungen und Firmenübernahmen), so daß der Existenzgründer mit einem ermäßigten Zinssatz rechnen darf. Der Zinssatz wird nach Ablauf der ersten 10 Jahre für die Jahre 11 bis 20 neu festgelegt (Konditionen sind im Einzelfall über die Hausbank zu erfragen).

Erfolgt innerhalb der ersten 7 Jahre nach Gewährung eine vorzeitige Tilgung, so ist die Hälfte der Zinssubvention der Jahre 1 bis 5 nachzuentrichten, es sei denn, die vorzeitige Tilgung steht im Zusammenhang mit der Aufgabe der selbständigen Existenz (Schwankungen sind regional und temporal möglich).

Die Antragstellung des Eigenkapitalhilfedarlehens erfolgt ebenfalls durch die Hausbank an die Deutsche Ausgleichsbank. Es besteht kein Rechtsanspruch auf die Gewährung der Eigenkapitalhilfe.

Es wird durch die Deutsche Ausgleichsbank eine einmalige Bearbeitungsgebühr von 2% der gewährten Eigenkapitalhilfe sowie ein Garantieentgelt in Höhe von 0,5% der jeweils valutierten Eigenkapitalhilfe erhoben.

Als Sicherheiten sind die persönliche Haftung des Antragstellers und seines Ehepartners erforderlich.

7.3 Landesfinanzierungen
(z. B. hier stellvertretend Baden-Württemberg)

Über die Finanzierungshilfen des Bundes hinaus besteht im Einzelfall die Möglichkeit, auch Landesmittel für die Existenzgründung heranzuziehen.

Für Unternehmen, die ihren Firmensitz im Bundesland Baden-Württemberg haben werden, gelten dabei die Richtlinien der Landeskreditbank (LKB), für andere Bundesländer die Richtlinien der jeweiligen Landesbank [8].

Die Finanzmittel des Landes sind in der Regel vor Beginn des Vorhabens zu beantragen. Ein Rechtsanspruch besteht nicht.

Für Umschuldungen, z. B. Ablösungen von Krediten, werden keine Finanzhilfen gewährt. Die Gesamtfinanzierung des zu fördernden Vorhabens muß gesichert sein und den Grundsätzen einer soliden Finanzierung entsprechen.

Eine angemessene Eigenbeteiligung des Antragstellers an dem Investitionsvorhaben wird vorausgesetzt.

Für Existenzgründer kommt in diesem Beispiel das Programm 1 der Landeskreditbank für Existenzgründungen und -aufbau zum Tragen.

Die Laufzeit der Darlehen kann für den Erwerb von Grundstücken sowie für bauliche Investitionen bis zu 20 Jahre betragen, davon sind bis zu 4 Jahre tilgungsfrei. Für sonstige Vorhaben in der Regel bis zu 12 Jahre, davon bis zu 2 Jahre tilgungsfrei.

Die LKB berechnet bei der Vergabe der öffentlichen Finanzierungshilfen 2% von der genehmigten anteiligen Finanzierungssumme.

Der Auszahlungskurs für den Endkreditnehmer beträgt zur Zeit 98%. Als Zinssatz für Finanzierungen von Existenzgründungs- und Existenzfestigungsvorhaben wird derzeit (Stand 31. 10. 1989) 7% angenommen (Konditionen sind im Einzelfall über die Hausbank zu erfragen).

Tip 7.4

Da der Zinssatz, der Auszahlungskurs und die Laufzeit der Darlehen sowie die tilgungsfreien Zeiten Veränderungen unterliegen, ist in jedem Fall ein rechtzeitiges Gespräch mit der zuständigen Hausbank zu führen, die auch die entsprechenden Anträge des Endkreditnehmers der Landeskreditbank weiterleitet.

Landeskreditmittel werden nur vergeben, wenn der Antragsteller führend tätig sowie angemessen am Gewinn **und** Verlust beteiligt ist.

Eine Zuwendung kann nur für ein volks- und betriebswirtschaftlich förderungswürdiges Vorhaben gewährt werden, das eine nachhaltig tragfähige Vollexistenz erwarten läßt.

Grundsätzlich ist nur die Förderung einer **ersten** Existenzgründung möglich.

Das LKB-Darlehen darf auf keinen Fall unter DM 10000,- lauten. Als Höchstgrenze werden DM 300000,- angesetzt. Sofern der Bund sich nicht an dem Existenzgründungsvorhaben beteiligt, kann die Darlehenshöhe im Ausnahmefall auch bis auf DM 500000,- erweitert werden.

7.4 Existenzgründungssparen

Die rechtzeitige Bereitstellung von für die Unternehmensgründung vorgesehenem Eigenkapital kann - anteilig mit besonderen Ansparzuschüssen ausgestattet - über das sogenannte Existenzgründungssparen erfolgen.

Bei diesem Ansparprogramm bietet sich über spezielle Sparverträge, die mit Banken und Sparkassen abgeschlossen werden, die Möglichkeit, frühzeitig entsprechende Beträge für die Existenzgründung anzusammeln.

Die Mindestanspardauer beträgt drei Jahre. Das angesparte Kapital muß spätestens bis zum 10. Jahr nach Einrichtung dieses Sparvertrages abgerufen werden.

Das beauftragte Kreditinstitut stellt einen Antrag bei der Deutschen Ausgleichsbank in Bonn, die für dieses Existenzgründungssparen jedem Existenzgründer einen Zuschuß in Höhe bis zu DM 10000,- gewähren kann bei entsprechender Zusage.

Um diese Zusage zu erhalten, ist der Antrag bis spätestens 6 Monate nach Aufnahme der Geschäftstätigkeit über die Hausbank an die Deutsche Ausgleichsbank zu stellen.

Entsprechende Anträge sind bei der Hausbank vorrätig. Mit der Antragstellung auf die Gewährung eines Zuschusses hat der Existenzgründer zu erklären, daß eine Existenz gegründet und die Geschäftstätigkeit aufgenommen wurde (Datum der Gewerbeanmeldung), darüber hinaus, daß sämtliche Sparleistungen einschließlich Zinsen, für die ein Ansparzuschuß beantragt wird, ausschließlich und unmittelbar als Eigenkapital für die Existenzgründung verwendet werden.

Der Ansparzuschuß muß zurückbezahlt werden, wenn die selbständige Existenz innerhalb eines Jahres nach Auszahlung des Ansparzuschusses ohne zwingenden Grund aufgegeben wird.

Der Existenzgründer verpflichtet sich, der Deutschen Ausgleichsbank auf Verlangen nachzuweisen, daß seine Existenzgründung nach einem Jahr noch besteht und permanent Geschäfte getätigt werden.

Grundsätzlich gilt, wie auch bei den anderen obengenannten öffentlichen Finanzierungshilfen, daß der Existenzgründer auf die Gewährung öffentlicher Finanzierungshilfen keinen Rechtsanspruch hat.

Wenn die für dieses Programm vorgesehenen Mittel erschöpft sind, können dem eingerichteten Gründungssparbuch (Sparvertrag) keine Zuschüsse gutgeschrieben werden.

Je nach Kreditinstitut wird dem Existenzgründer durch die Hausbank ergänzend eine Prämie zur Verfügung gestellt.

Art, Höhe und Inhalt dieser Prämie müssen im Gespräch mit dem Kreditinstitut, bei der das Existenzgründungssparbuch eingerichtet wird, geklärt werden.

7.5 Beteiligungen bei Jungen technologieorientierten Unternehmen (JTU)

Um die Bildung von Risikokapital für Unternehmensgründungen, die sich mit der technologischen Entwicklung neuer Produkte beschäftigen, zu erleichtern, wurde durch den Bundesminister für Forschung und Technologie (BMFT) ein Modellversuch in der Bereitstellung von „Beteiligungskapital" für sogenannte junge Technologie-Unternehmen (JTU ab 1989) gestartet [9].

Im Unterschied zum bisherigen Modellversuch (TOU bis 1988) werden keine Zuschüsse an die Unternehmensgründer mehr gewährt, sondern Anreize zur Bereitstellung von Eigenkapital für die Entwicklungs- und Aufbauphase der JTU geschaffen.

Beteiligt sind hierbei die
- tbg, Technologie-Beteiligungsgesellschaft mbH der Deutschen Ausgleichsbank und die
- KfW, Kreditanstalt für Wiederaufbau

mit unterschiedlichen Programmen.

Während die Technologie-Beteiligungsgesellschaft mbH sich direkt mit Beteiligungen am Vorhaben - unter Einschaltung eines weiteren Beteiligungsgebers - engagiert, erfolgt die Unterstützung der Kreditanstalt für Wiederaufbau im Rahmen eines Refinanzierungsprogrammes mit Darlehen bis zu einer Höhe von 1 Million DM und bis zu 90%iger Haftungsfreistellung.

Die tbg wie die KfW nehmen zur Finanzierung dieser Vorhaben die benötigten Mittel am Kapitalmarkt auf. Der Bundesminister für Forschung und Technologie übernimmt hierfür die Zahlung der Zinsen und beteiligt sich am Ausfallrisiko, falls die JTU zu einem späteren Zeitpunkt nicht in der Lage sind, ihre Beteiligung zurückzuzahlen.

Das Programm der Technologie-Beteiligungsgesellschaft mbH [10]:

Wesentliche Voraussetzung ist, daß sich ein weiterer Partner in mindestens gleicher Höhe wie die tbg an dem JTU beteiligt und auf der Grundlage eines Kooperationsvertrages das Engagement der tbg mitbetreut. Das Programm ist bis Ende 1994 befristet.

Tip 7.5

Durch die zeitliche Begrenzung der Programme sollte der Existenzgründer baldigst Unternehmensberater mit für sein Vorhaben einbeziehen. Wichtige Interessen müssen gegenüber künftigen Beteiligungsgebern abgeklärt werden.

Die Beteiligungen haben der Finanzierung von Investitionen und Betriebsmitteln zur Durchführung bestimmter Innovationsvorhaben zu dienen.

Derartige Vorhaben sind:

- Forschungs- und Entwicklungsarbeiten bis zur Herstellung und Erprobung von Prototypen,
- Anpassentwicklungen und die Vorbereitung der Produktion einschließlich der Markteinführung technisch neuer Produkte, Verfahren oder technischer Dienstleistungen.

Das JTU muß sich im Rahmen der vorgenannten Aktivitäten mit technisch neuen Produkten, Verfahren oder Dienstleistungen befassen.

Das Innovationsvorhaben muß deutliche Wettbewerbsvorteile und Marktchancen sowie einen nachhaltigen Unternehmenserfolg erwarten lassen. Hinsichtlich der absehbaren Konkurrenten sind deutliche Vorteile und ein zeitlicher Wettbewerbsvorsprung erforderlich.

Das Programm der tbg gilt auch rückwirkend für Unternehmensgründungen, die zum Zeitpunkt der Antragstellung nicht älter als drei Jahre sind. Gründungszeitpunkt ist die Eintragung in das Handelsregister oder die Gewerbeanmeldung. Es können auch Projekte unter die Beteiligungsvoraussetzungen fallen, die einen erheblichen Entwicklungsaufwand erforderten, wenn der innovative Kern vom Unternehmen selbst erbracht worden ist.

Beteiligungen durch die tbg können Unternehmen erhalten, die - wie zuvor bereits genannt - nicht älter als drei Jahre sind oder im Rahmen des Modellversuches „Förderung technologieorientierter Unternehmensgründungen (TOU)“ in Phase II gefördert wurden, das Forschungs- und Entwicklungsvorhaben nach dem 01. 01. 1988 abschließen und für die Phase III eine Risikobeteiligung nicht erhalten haben und auch nicht beantragen werden.

Tip 7.6

Auch Unternehmen, deren Gründung noch keine drei Jahre zurückliegt, sollten schnell handeln.

Das JTU muß über das zur Durchführung der Entwicklungsarbeiten und zur Produktion notwendige technische Fachwissen verfügen, die erforderlichen kaufmännischen Kenntnisse nachweisen können und von anderen Unternehmen wirtschaftlich unabhängig sein.

Die kaufmännischen Kenntnisse können auch durch die Einschaltung von externen Unternehmensberatern eingebracht werden.

Da die tbg sich bei dem Beteiligungsvorhaben nur engagiert, wenn ein Dritter, das kann eine Bank, eine Beteiligungsgesellschaft oder Person sein, dem Unternehmen Beteiligungskapital oder beteiligungsähnliches Kapital zur Verfügung stellt, ist die Höhe von der Bereitschaft des weiteren Beteiligungsgebers abhängig.

Das Engagement der tbg ist auf maximal 1 Million DM für ein JTU bzw. 50% des Gesamtvorhabens begrenzt. Bei der Beteiligung in Folge der TOU-Vereinbarungen ist das Beteiligungslimit auf 500000,- DM herabgesetzt. Die tbg übernimmt die Beteiligung als stiller Gesellschafter an der JTU. Sicherheiten sind nicht zu stellen.

Die tbg erstreckt die Beteiligung auf eine Laufzeit von 10 Jahren. Eine Kündigung der tbg kann aus wichtigem Grund jederzeit erfolgen. Das JTU kann im Rahmen einer Kündigungsfrist vorfristig kündigen, muß jedoch ein eventuelles Aufgeld bei der Rückzahlung, das in der Regel bis zu 25% über der Beteiligungssumme liegen kann, einkalkulieren.

Die Beteiligungsgebühr der tbg für die Betriebskosten beträgt einmalig mit der Auszahlung 1% der Beteiligungssumme.

Das laufende Entgelt für die Beteiligung setzt sich im Regelfall aus einer vom Jahresergebnis unabhängigen Vergütung von 5% sowie einem an den Verhältnissen des JTU auszurichtenden ergebnisabhängigen nochmaligen Beteiligungsentgelt zusammen.

Die Beantragung der Beteiligung erfolgt mit Formblättern der tbg über den weiteren Beteiligungsgeber. Die tbg behält sich vor, ggf. externe Gutachten und weitere Unterlagen zur Beurteilung anzufordern.

Ein Rechtsanspruch auf die Übernahme einer Beteiligung besteht nicht.

Das Programm der Kreditanstalt für Wiederaufbau:

Auch das Kapitalbeteiligungsprogramm der KfW zielt darauf ab, mit finanzieller Unterstützung des Bundesministers für Forschung und Technologie auf die Förderung der Gründungs- und Aufbauvorhaben der JTU durch Anreize Beteiligungskapital zu geben.

Das neue Programm soll eine Stärkung der Eigenkapitalbasis dieser Unternehmen bewirken, indem durch die Einschaltung von Dritten mit entsprechenden Voraussetzungen (zu klären mit der KFW), z. B. Banken, Kapitalbeteiligungsgesellschaften oder Personen, langfristige Beteiligungsmittel zur Verfügung gestellt werden.

Weitgehende Entlastungen bei der Übernahme von Ausfallrisiken sowie Flexibilität in der Vereinbarung von Beteiligungsentgelten sollen die Bereitschaft der Banken und Kapitalbeteiligungsgesellschaften fördern, entsprechende Beteiligungen mit den günstigen KfW-Mitteln einzugehen.

Die KfW räumt den Beteiligungsgebern Refinanzierungsdarlehen bis zu einer Höhe von 1 Mio mit bis zu 90%iger Haftungsfreistellung ein. Die Beteiligungsgeber verwenden diese Mittel zur Übernahme von Beteiligungen an den jungen Technologieunternehmen.

7.6 Weitere öffentliche Finanzierungshilfen

Ergänzend zu den bisher aufgeführten öffentlichen Finanzierungshilfen sei auf die Sonderfälle von technologieorientierten Unternehmensgründungen und Unternehmensgründungen durch Vertriebene, Flüchtlinge, Spätaussiedler und andere Spätberechtigte hingewiesen.

Für diese Sonder- und Einzelfälle stehen Ihnen im einzelnen die Kreditinstitute, Industrie- und Handelskammern, Handwerkskammern oder Unternehmensberater mit weiteren Informationen gerne zur Verfügung.

Es handelt sich hier um folgende Programme:

- Förderung technologieorientierter Unternehmensgründungen (Landesprogramm): Darlehen, Ergänzung zum LKB-Programm 1, Beteiligungskapital und Zuschüsse
- Förderung technologieorientierter Unternehmensgründungen (TOU/Bundesprogramm): je nach Entwicklungsphase Zuschüsse, Risikobeteiligungen an Bankkrediten
- Beteiligungsfinanzierungen, Beteiligungskapital
- LKB-Programm Nummer 6 für Begründung selbständiger Erwerbstätigkeit von Vertriebenen, Flüchtlingen, Aussiedlern und diesen Gleichgestellten, von Deutschen aus der DDR und Berlin Ost, die im Wege der Notaufnahme zugezogen sind, Personen- und Kapitalgesellschaften, bei denen vorgenannte Personen zur Hälfte beteiligt sind
- LAB-Ergänzungsprogramm I: Ergänzung zum ERP-Existenzgründungsprogramm für kleine und mittlere gewerbliche Unternehmen, insbesondere für Investitionen von Vertriebenen, Flüchtlingen, Zuwanderern aus der DDR/ Berlin Ost

- LAB-Ergänzungsprogramm II: Ergänzung zum ERP-Existenzgründungsprogramm für Existenzgründungen in der gewerblichen Wirtschaft durch Spätaussiedler und andere Spätberechtigte
- Sonderfond für Existenzaufbau einschließlich tätige Beteiligung durch nicht-deutsche Flüchtlinge.

7.7 Besonderheiten im Rahmen von Franchisegründungen

Die Berücksichtigung von Öffentlichen Finanzierungshilfen ist für Start up-Gründungen oft die einzige Möglichkeit, bei Abwägung aller Risiken den Finanzierungsanteil unter mittel- bis langfristigen Gesichtspunkten bei niedrigem Kapitaldienst relativ sicher zu kalkulieren.

Die Übertragung dieser Erkenntnisse auf Franchisegründungsvorhaben ist jedoch nicht ohne weiteres möglich. Aufgrund der Verschiedenartigkeit der Franchisesysteme und -verträge mit teilweise enormen Abhängigkeiten von den Franchisegebern stellt sich für manche Unternehmensgründung die Frage, ob es sich überhaupt um eine Selbständigkeit im ursprünglichen Sinne handelt.

Die folgenden Aspekte der Deutschen Ausgleichsbank im Umgang mit Unternehmensgründungen in Franchisemodellen sollen Hilfestellung geben, im Vorfeld zu prüfen, ob die Gestaltung des Franchisesystems zur Beantragung öffentlicher Existenzfördermittel die notwendigen Voraussetzungen hat.

Wie bei Unternehmensgründungen üblich, wird mit Aufnahme der unternehmerisch selbständigen Tätigkeit eine fachliche und kaufmännische Qualifikation erwartet, die eine auf Dauer tragfähige Vollexistenz ermöglicht.

Tip 7.7

Als Franchisenehmer müssen Unternehmensgründer rechtlich und steuerlich selbständige Unternehmer sein und über einen hinreichenden unternehmerischen Entscheidungsspielraum verfügen.

Vorgaben des Franchisegebers in Bereichen, die das einheitliche Bild des Franchisesystems prägen, werden im allgemeinen akzeptiert.

Dieses „Corporate Identity“ des Systems kann sich beispielsweise auf folgende Bereiche erstrecken:

- einheitliches Erscheinungsbild (Laden, Aufmachung und Dekoration)
- Qualifikation der Mitarbeiter (Mitarbeiterschulungen)

- Standortwahl (Standortanalysen)
- Einbindung in ein Abrechnungssystem (betriebswirtschaftliche Auswertungen im Rahmen eines standardisierten Kassen- oder Buchhaltungssystems)
- Abschluß von Mietverträgen
- Verwendung von System- oder Betriebshandbüchern

Eine zu weitgehende Einschränkung in der unternehmerischen Selbständigkeit kann in folgenden Punkten gesehen werden:

- Bezug von Einrichtungsgegenständen von fest definierten Lieferanten
- Vorgabe (nicht Empfehlung) bestimmter Versicherungen, Steuer- oder Unternehmensberater
- Einengung des Entscheidungsspielraums durch erforderliche Zustimmung des Franchisegebers bei der Einstellung von Personal
- 100%ige Bezugsbindungen, wenn es sich um Produkte handelt, die in vergleichbarer Form auch von anderer Seite bezogen werden können. Diese Einschränkung trifft in der Regel nicht zu, wenn der Franchisegeber gleichzeitig Produzent ist oder es sich um mehr oder minder unverwechselbare Produkte handelt
- Einschränkungen in der Tragfähigkeit können beispielsweise durch überhöhte Gebühren und Vertragsstrafen vermutet werden.

Die Laufzeit der Franchiseverträge sollte ein Minimum von 10 Jahren abdekken. Ausnahmen bis mindestens 5 Jahre sind möglich, wenn durch Einräumen einer Option eine Verlängerung um weitere 5 Jahre in Aussicht gestellt wird.

Soweit die zuvor genannten Voraussetzungen beachtet werden und der Franchisegeber

- mit seinem System bereits mehrere Jahre auf dem deutschen Markt etabliert ist,
- betriebswirtschaftliche Daten vergleichbarer Franchisepartner zur Beurteilung mit anbietet,
- mindestens jedoch Erfahrungen aus speziellen Pilotunternehmen hat,

stehen die Chancen für die Gewährung öffentlicher Finanzierungshilfen durch die Deutsche Ausgleichsbank für den künftigen Franchisenehmer nicht schlecht.

7.8 Europäische Finanzierungshilfen

Die Mitglieder der europäischen Wirtschaftsgemeinschaft haben mit dem Vertrag von Rom die Europäische Investitionsbank (EIB), deren Eigentümer die Mitgliedstaaten sind, gegründet.

Die Aufgabe dieser Bank ist die Finanzierung von Investitionen, die zu einer ausgewogenen Entwicklung der Europäischen Gemeinschaft beitragen.

Die EIB gewährt Darlehen und Bürgschaften für ein breites Spektrum von Investitionsvorhaben in fast allen Wirtschaftsbereichen. Die Gewährung richtet sich nach der Nachfrage und der Tragfähigkeit der vorgesehenen Vorhaben.

Die EIB verfolgt keinen Erwerbszweck. Aus diesem Grund ist der Zinssatz für jede Währung gleich den Mittelbeschaffungskosten auf den Kapitalmärkten, zuzüglich einer Marge zur Deckung der Betriebskosten. Je nach den Wünschen des Darlehensnehmers und den von der Bank zur Verfügung stehenden Mitteln werden diese Darlehen in einer oder mehreren Währungen, auch der Kunstwährung ECU, ausgezahlt.

Tip 7.8

Die EIB erhebt keine Bereitstellungs-, Bearbeitungs- oder sonstigen Gebühren. Die Darlehen werden zu 100% ausgezahlt.

Die Finanzierung erfolgt direkt mit der EIB oder bei kleinen und mittleren Unternehmen - vor allem im Rahmen von Globaldarlehen - über zwischengeschaltete Finanzinstitute.

Die Mittel können für Investitionen in folgenden Bereichen mit einbezogen werden:

- Entwicklung wirtschaftsschwacher Regionen
- Ausbau der Verkehrs- und Fernmeldeinfrastruktur von europäischem Interesse
- Umweltschutz oder Erhaltung des kulturellen Erbes
- Ausbau städtischer Infrastruktur und Stadterneuerung
- Sicherung der Energieversorgung
- Stärkung der internationalen Wettbewerbsfähigkeit der Industrie und ihre Integration auf europäischer Ebene
- Förderung kleiner und mittlerer Unternehmen
- Zusammenarbeit mit zahlreichen Entwicklungsländern

Vor der eventuellen Finanzierung des Vorhabens erfolgt im Rahmen einer Projektprüfung die Feststellung der technischen und wirtschaftlichen Tragfähigkeit sowie des volkswirtschaftlichen Nutzens der zu finanzierenden Investition.

Tip 7.9

Zur Projektprüfung sollten Fachleute (Unternehmensberater) mit herangezogen werden, die über europäische Erfahrungen verfügen, mindestens in Gremien etabliert sind, die europäische Interessen vertreten können.

Die Laufzeit der gewährten Darlehen haben mittel- und langfristigen Charakter. Üblicherweise liegen sie bei 7 bis 12 Jahren. Bei Maßnahmen, die Infrastruktur und Energievorhaben betreffen, können sie in Ausnahmen bis zu 20 Jahren betragen. Die Vereinbarung von festen oder variablen Zinssätzen ist möglich. Die Beteiligung der EIB an den zu finanzierenden Investitionen ist auf 50% begrenzt.

8. Orientierungshilfen in der Werbegestaltung

8.1 Klarheit und Wahrheit in der Aussage

Jede Werbeaussage muß in Form, Darstellung oder Aufmachung wahr und klar sein. Die Gefahr einer Irreführung des angesprochenen Verbrauchers darf zu keinem Zeitpunkt entstehen. Von einer irreführenden Aussage spricht man, wenn sie von einem kleinen Kreis der angesprochenen Verbraucher mißverstanden werden könnte.

Beispiele:

- Einem Unternehmen wurde verboten, für fettarmen Joghurt aus naturidentischen Aromastoffen und Milch mit lediglich 1,5% Fett sowie Früchten und Korn aus biologischem Anbau die Bezeichnung „BIOBEST" zu verwenden.
- Ein Reiseveranstalter preist in einem Reiseprospekt bei einer Schiffskreuzfahrt im Begleittext Kap Hoorn an. Der Urlauber buchte die Kreuzfahrt im Glauben, der südlichste Punkt werde umfahren. Die Schiffsreise führte lediglich durch die Magellanstraße. Der Urlauber forderte Schadensersatz. Die Richter gaben ihm recht und begründeten die Entscheidung: „Die Beschreibung ließ diesen Eindruck entstehen."

Dinge und Tätigkeiten, die Selbstverständlichkeiten darstellen, sind in der Werbung grundsätzlich nicht erlaubt.

> **Tip 8.1**
>
> Bringen Sie bei der Gestaltung Ihrer Werbeaussagen Wahrheit und Klarheit mit ein. Formulieren Sie positiv und vermeiden Sie vergleichende oder negierende Aussagen.

Lockvogelangebote sind unzulässig. Die Ankündigung der Abgabe eines Markenartikels (wichtig: Markenartikel!) unter dem Einkaufspreis ist nicht erlaubt. Der Verbraucher verbindet mit der Ware genaue Preisvorstellungen. Aussagen wie z. B. „Abgabe in haushaltsüblichen Mengen" können in die Nähe solcher Lockvogelangebote geraten.

Es ist unzulässig zu werben, wenn nur unzureichende Mengen zur Verfügung stehen. Vorsicht hier bei Testeinkäufen durch die Konkurrenz.

8.2 Die Preiskennzeichnung in der Werbung

Die Kennzeichnung von empfohlenen Preisen als Brutto-, Listen-, Richt- oder Katalogpreise ist wegen der Gefahr der Irreführung nicht gestattet.

Die Gegenüberstellung eigener Preise, gleich in welcher Form (z. B. durchgestrichene Preise), ist nur dann zulässig, wenn echte Preisherabsetzungen angekündigt werden, der alte Preis zuvor während eines längeren Zeitraumes verlangt wurde und marktorientiert war.

Die Verordnung über Preisangaben verpflichtet den Kaufmann zur Preisauszeichnung gegenüber den Endverbrauchern. Die Auszeichnung der Endpreise hat einschließlich Mehrwertsteuer (Zeitungswerbung beachten) zu erfolgen.

8.3 Preisermäßigungen in der Durchsetzung von Preisen

Der Rabatt ist eine Preisermäßigung, die dem Kunden bei Zahlung des geforderten Preises gewährt wird. Bei Barzahlung von Waren des täglichen Bedarfs gegenüber Letztverbrauchern dürfen drei Prozent nicht überschritten werden. Dies gilt auch für Konsumgüter des täglichen Bedarfs, wie z. B. Kraftfahrzeuge, Möbel, Fernseh- und Phonogeräte.

Beispiel: Ein Verstoß gegen das Rabattgesetz stellt ein Preisnachlaß in Höhe von 15% dar, den eine Vertriebsfirma für Sportartikel Autobesitzern für das Anbringen einer Werbeplakette an ihrem PKW eingeräumt hatte.

Tip 8.2

Prüfen Sie Ihre Preisangaben gegenüber Endverbrauchern. Es müssen Inklusivpreise genannt und Nachlässe von über 3% vermieden werden.

Auch der Umweg über Inzahlungnahme gebrauchter Gegenstände zu überhöhtem Preis ist nicht erlaubt.

Wurden Geschäfte zwischen Kaufleuten und Gewerbetreibenden abgeschlossen, bei denen keine Endverbraucher beteiligt sind, können andere Rabattregelungen greifen.

8.4 Werbung zu Sonderveranstaltungen und besonderen Anlässen

Die Ankündigung oder Werbung zu einer Sonderveranstaltung ist grundsätzlich untersagt. Sonderveranstaltungen nennt man außerhalb des regelmäßigen Geschäftsverkehrs stattfindende Verkaufsveranstaltungen des Einzelhandels.

Befristungen von Angeboten, auch in scheinbar undurchsichtigen Formen (z. B. als „Oster- oder Weihnachtspreis"), sind unzulässig. Die Kennzeichnung und Anpreisung einzelner, nach Qualität mit Preis gekennzeichneter Waren ist im Rahmen eines Sonderangebotes erlaubt. Doch auch hier gilt das Verbot einer zeitlichen Begrenzung (z. B. „nur drei Tage").

Eröffnungsverkäufe, bei denen die gesamten Waren - oder auch nur wesentliche Teile - im Zusammenhang mit der Geschäftseröffnung als besonders günstig angeboten werden, sind nicht zulässig. Das Beschränken der Werbung auf einzelne Eröffnungsangebote ist möglich.

Tip 8.3

Für den Unternehmensgründer ist der Anlaß der Eröffnung eine gute Chance, sich selbst darzustellen und besondere Angebote vorzubereiten. - Nutzen Sie sie.

Als Jubiläumsverkäufe bezeichnete Veranstaltungen sind alle 25 Jahre nach Aufnahme der Geschäftstätigkeit erlaubt. Im Monat des Jubiläumstages dürfen diese beginnen und nicht länger als 12 Werktage dauern. Es müssen besondere Preisvorteile angeboten werden, sonst liegt irreführende Werbung vor.

Verboten ist z. B. die Ankündigung eines „Sonderverkaufes anläßlich des 20jährigen Bestehens". Unzulässig ist auch die Werbung eines Händlers: „15 Jahre - Jubelpreise".

In Saisonschlußverkäufen dürfen nur Textilien (Waren aus Natur- oder Chemiefasern, auch Heimtextilien einschließlich Bettwäsche und Matratzen, Bezugsstoffe für Möbel, Teppiche), Bekleidungsgegenstände (Pelze), Schuhe, bestimmte Lederwaren und nur während des Winterschlußverkaufs Porzellan, Glas und Steingut angeboten werden.

Die Werbung für diese Schlußverkäufe sind frühestens am letzten Werktag vor dem eigentlichen Beginn, und zwar in Zeitungen und Zeitschriften mit Beginn dieses Tages, im übrigen erst nach Ladenschluß (Schaufenster verdecken) zulässig.

Das Verteilen von Handzetteln und Druckschriften darf am letzten Werktag vor Beginn der Verkäufe erst nach 14 Uhr starten. Die Plakatwerbung (statisch oder beweglich) ist hierbei eingeschlossen. Das Gegenüberstellen der vor und während der Schlußverkäufe gültigen Preise ist in öffentlichen Ankündigungen wie Anzeigen und Schaufenstern nicht zulässig, im Rahmen der Kennzeichnung auf den Wühltischen innerhalb des Ladens jedoch erlaubt.

Eine Vorwegnahme von Saisonschlußverkäufen sowie Preisgegenüberstellungen vor den gesetzlich festgelegten Fristen ist in jedem Falle verboten. Eine Vorwegnahme wird immer vorliegen, wenn geworben wird

- mit herabgesetzten Preisen bei schlußverkaufsfähigen Waren,
- mit auffallenden Ankündigungen oder Dekorationen.

Aus- oder Räumungsverkäufe sind vor der eigentlichen Ankündigung Endverbrauchern gegenüber in einer Frist von drei Wochen der zuständigen Industrie- und Handelskammer schriftlich anzuzeigen.

Tip 8.4

Setzen Sie sich vor Sonderveranstaltungen mit den zuständigen Personen Ihrer Industrie- und Handelskammer zusammen. Hier erhalten Sie wichtige Tips.

Bei Räumungsverkäufen wegen Umbaus muß dieser vier Wochen vor Beginn eines Saisonschlußverkaufes abgeschlossen sein.

8.5 Einkaufsausweise und Berechtigungsscheine

Die Ausgabe von Einkaufsausweisen oder sonstigen Berechtigungsscheinen an Endverbraucher ist grundsätzlich nicht zulässig.

In der Praxis selten geworden ist die Verwendung von Kaufgutscheinen in einem eng beschriebenen Rahmen.

Hat der Kunde einen konkreten Kaufwunsch geäußert und der Händler ist nicht in der Lage, die Ware sofort zu verkaufen, kann er dem Kunden einen Berechtigungsschein zum einmaligen Einkauf bei einem anderen Kaufmann ausstellen.

8.6 Beschreibungen von Firmenprofilen innerhalb der Werbung

Der Hinweis, man sei selbst Hersteller, oder die Nennung der Eigenschaft als Großhändler (in Verbindung mit der Eigenschaft als Einzelhändler) ist im Geschäftsverkehr mit Endverbrauchern grundsätzlich verboten.

Verkauft der Fabrikant ausschließlich an Letzt- oder Endverbraucher, muß er von diesen Endverbrauchern die gleichen Preise wie der Wiederverkäufer verlangen oder darauf hinweisen, daß er höhere Preise berechnet. In derartigen Fällen kann eine Werbung ausnahmsweise gestattet sein (juristische Beratung ist hier unbedingt erforderlich).

Vorsicht ist auch bei der persönlichen (nicht optischen) Ansprache von Kunden über diverse Kommunikationsnetze, z. B. Fernsprech-, Telex- oder Telefaxteilnehmer, geboten. Beabsichtigte Anrufe zu Werbezwecken sind als aufdringliche und belästigende Werbung verboten.

Vorsicht ebenfalls in allen Fällen des Telefonmarketings. Liegt eine vorherige schriftliche Offerte vor, die einen Anruf ankündigt, geht man Schwierigkeiten von vornherein aus dem Weg.

Inserate gegenüber Endverbrauchern unter Chiffre- oder Telefonnummer sind nicht zulässig.

Gibt ein Kaufmann Inserate auf, muß er sich als Gewerbetreibender namentlich zu erkennen geben. Es ist möglich, in der Anzeige ein Kürzel zu verwenden, aus dem erkennbar ist, daß es sich um ein gewerbliches Inserat handelt.

8.7 Persönliche Kontakte in der Ansprache von Kunden

Das Ansprechen von Passanten zu Werbezwecken ist als eine aufdringliche Wettbewerbshandlung verboten.

Das Verteilen von Werbeschriften an Passanten ist nicht zu beanstanden, wenn es nicht gleichzeitig mit einem Ansprechen oder einem sonstigen, unzulässigen Werbeverhalten verbunden ist.

Tip 8.5

Das Verteilen von Handzetteln unterliegt Beschränkungen und muß von der zuständigen Behörde, z. B. dem „Amt für Öffentliche Ordnung" (oft kostenpflichtig), genehmigt werden. Setzen Sie sich bei Planung Ihres Vorhabens rechtzeitig mit dem entsprechenden Sachbearbeiter oder Referatsleiter in Verbindung, und machen Sie sich über die regional unterschiedlichen Modalitäten kundig.

8.8 Unangekündigte Warensendungen und besondere Suggestionen

Vertreterbesuche sind nicht zulässig und können als Nötigung interpretiert werden, wenn sie unter einem falschen Vorwand bei Interessenten erschlichen wurden.

Die Zusendung unbestellter Ware ist ausnahmsweise nur dann erlaubt, wenn der Empfänger eindeutig darauf hingewiesen wird, daß ihn weder eine Zahlungs- noch Aufbewahrungspflicht trifft und er die Ware auch unbezahlt verbrauchen oder vernichten kann.

Die Verwendung oder das Herbeiführen von Angst- oder Mitleidsgefühlen bei der Ansprache zum Zwecke der Steigerung des Absatzes sind ohne Einschränkung verboten.

Warenvergleiche können unter eng begrenzten Voraussetzungen erlaubt sein. Verboten sind konkrete Hinweise oder Bezugnahmen auf bestimmte Mitbewerber oder deren Waren.

Die Abgabe von Versprechen, Beurteilungen oder Zusagen, die einem Kunden in Aussicht stellen, den Mehrpreis einer Ware zurückzuerhalten, sofern sie innerhalb einer bestimmten Zeit von einem Mitbewerber billiger angeboten wurde, ist verboten.

Exklusiv-, Alleinstellungs- oder sogenannte „Erste"-Behauptungen sind dann erlaubt, wenn der Kaufmann klar nachweisen kann, daß er einen entsprechenden, deutlichen und nachhaltigen Vorsprung schon eine längere Zeit gegenüber seinen Mitbewerbern hat (Erstes Sonnenstudio).

Folgendes Beispiel soll verdeutlichen, welche Form der Alleinstellungswerbung verboten ist:

Ein Premiumbier wurde mit der Aussage „Probieren Sie's - es gibt kein besseres!" angeboten und - abgemahnt. (OLG Hamm WRR 77,811)

8.9 Zugaben und Werbegeschenke

Werbegeschenke dürfen nicht von einem Kauf abhängig gemacht werden, sonst handelt es sich um Zugaben. Es dürfen nur Reklamegegenstände von geringem Wert, die eine dauerhafte und deutlich sichtbare Bezeichnung der werbenden Firma enthalten, oder sonstige geringwertige Kleinigkeiten verschenkt werden.

Auch ist es unzulässig, Lose oder Hinweise für die Lösung eines Preisrätsels mit einem Kaufabschluß zu koppeln. Preisausschreiben und Verlosungen sind ausnahmsweise erlaubt, bedürfen aber in der Vorbereitung und Klärung juristischer Beratung (Aufsicht).

Die Verknüpfung einer branchenüblichen Hauptware mit branchenfremden Nebenwaren ist verboten, wenn der damit gekoppelte Nebenartikel nicht ohne die Hauptware erhältlich ist und wenn das Angebot bzw. die preiswerte Beschreibung der Nebenware dem Verbraucher sensationell günstig erscheint. Auch die Ankündigung oder Gewährung eines Gesamtpreises und die damit offensichtliche Verschleierung der Zugabe zum Hauptartikel ist verboten.

8.10 Ladenschlußzeiten beim Einzelhandel unter Berücksichtigung der Neuregelungen ab 07/89

Für den Verkauf des Einzelhandels an den Endverbraucher gelten im Geschäftsverkehr die Ladenschlußzeiten.

Das lang diskutierte und noch immer nicht unumstrittene Gesetz zur Einführung eines Dienstleistungsabends wurde Mitte Juli im Bundesgesetzblatt Nr. 35 verkündet und trat am 1. Oktober 1989 in Kraft.

Dadurch werden u. a. die allgemeinen Ladenschlußzeiten neu geregelt; d. h. Verkaufsstellen dürfen donnerstags (mit Ausnahme am Gründonnerstag) bis 20.30 Uhr geöffnet sein, wenn hierdurch die zulässige Gesamtöffnungszeit in der Woche nicht überschritten wird oder wenn der Gewerbetreibende nicht aufgrund arbeitsrechtlicher bzw. tarifvertraglicher Vorgaben daran gehindert ist.

- Die bisher zulässige Gesamtöffnungszeit bei einem kurzen Samstag von 64,5 Stunden in der Woche wurde nicht verändert.
- Die bisher zulässige Gesamtöffnungszeit bei einem langen Samstag von 68,5 Stunden in der Woche wird in den Sommermonaten (April bis September) auf 66,5 Stunden verkürzt.
- Verkaufsstellen für Bäckerwaren dürfen montags bis samstags bereits ab 6.30 Uhr geöffnet sein; dementsprechend verlängern sich die Gesamtöffnungszeiten für diese Verkaufsstellen jeweils um 3 Stunden pro Woche.

Allgemeine Ladenöffnungszeiten (§ 3 Abs. 1 LadschlG i. d. F. v. 10. 07. 89):

Werktags:	7.00–18.30 Uhr
Samstags:	7.00–14.00 Uhr
Sonntags:	geschlossen
Feiertage:	geschlossen

Ausnahmen (§ 3 Abs. 1 und 2 LadschlG i. d. F. v. 10. 07. 89):

- jeder erste Samstag bzw. zweite Samstag im Monat

a) April-September:	7.00-16.00 Uhr
b) Oktober-März:	7.00-18.00 Uhr
c) 4 Samstage vor Weihnachten:	7.00-18.00 Uhr

- Verkaufsstellen für Bäckerwaren

Montag-Samstag	ab 6.30 Uhr
verlängerte Öffnungszeit am Donnerstag	bis 20.30 Uhr

9. Durchführung der Existenzgründung

9.1 Terminplanung

Wie bei jedem größeren Projekt, so sind auch bei einer Existenzgründung Termine und gegenseitige Abhängigkeiten zu beachten.

Je nach beabsichtigter Rechtsform sind unterschiedliche Behörden und Institutionen zu informieren. Zur Gewährung von öffentlichen Finanzierungshilfen sind mit Antragstellung gewisse Formalitäten zu erfüllen, Unterlagen und Bestätigungen beizubringen, die - sofern nicht rechtzeitig bereitgestellt - zu Verzögerungen in der Gewährung und Auszahlung führen.

Folgende Punkte sollten beachtet werden (Reihenfolge nicht zwingend):

- **Definition des Firmennamens**

Bei Personengesellschaften muß der Vor- und Zuname aus dem Firmennamen ersichtlich sein. Dies ist nicht zwingend bei Kapitalgesellschaften wie GmbH und AG.

Es ist darauf zu achten, daß keine bereits verwendeten oder begriffsähnlichen Namen ausgewählt werden.

Tip 9.1

Um Unannehmlichkeiten mit der Wahl des Firmennamens von vornherein auszuschließen, sollte der in der IHK bzw. Handwerkskammer zuständige Rechtsreferent formlos angeschrieben werden.

- **Gespräch mit Banken**

Erstellung eines Exposés und Gesprächsvereinbarungen mit **verschiedenen** Banken. Beginnen Sie recht frühzeitig mit der Wahl Ihrer Hausbank, damit die finanzielle Sicherstellung durch diese vorzeitig abgeklärt werden kann.

- **Arbeitsverträge**

Überprüfen Sie Vertragsformulierungen Ihres bisherigen Arbeitgebers auf Wettbewerbsverbot und Kündigungsfristen. Handeln Sie unter Umständen - soweit erforderlich - eine vorzeitige Entlassung aus dem Arbeitsverhältnis aus.

- **Finanzamt**

Setzen Sie sich mit Ihrem Finanzamt in Verbindung und informieren Sie den zuständigen Sachbearbeiter mit einer formlosen Mitteilung über Ihr Vorhaben; bitten Sie um die Zuteilung einer Steuernummer.

- **Buchführung**

Sollten Sie sich während Ihrer späteren Geschäftstätigkeit die Abwicklung einer Buchführung selbst nicht zutrauen, können Sie sich bereits mit einem Steuerberater in Verbindung setzen, der für Sie gerne diese Aufgaben wahrnehmen wird.

- **Gewerbeamt** (gilt nicht für Freiberufler)

Fordern Sie bei dem für Sie zuständigen Gewerbeamt Vordrucke an, die zu einer Gewerbeanmeldung benötigt werden.

> **Tip 9.2**
>
> Füllen Sie die Formulare zur Gewerbeanmeldung erst aus, **nachdem** Ihr Vorhaben finanziell mit der Hausbank abgestimmt ist.

Die Behörde bescheinigt innerhalb weniger Tage den Eingang der Anzeige und leitet Kopien der Anmeldebestätigung an folgende Behörden weiter:

- Gewerberegister
- Statistisches Landesamt
- Finanzamt
- Gewerbeaufsicht
- IHK/HK
- Landesverband der Berufsgenossenschaften
- Registergericht

- **Amtsgericht** - Anmeldung zum Handelsregister

Erfolgt die Gründung einer Kapitalgesellschaft (GmbH oder AG), ist ein notarieller Vertrag zu erstellen und über den Notar dem Amtsgericht einzureichen.

Aber auch sonstige Handelsbetriebe können aufgrund ihres Geschäftsumfanges in das Handelsregister eingetragen werden. Die Eintragung ist ebenfalls notariell vorzunehmen.

- **Notar** (gilt für Kapitalgesellschaften)

Sorgen Sie rechtzeitig für die Erstellung eines Gesellschaftsvertrages und beauftragen Sie den Notar mit der Eintragung in das Handelsregister und der Anmeldung beim Amtsgericht.

Da die Erfüllung dieser Punkte sehr stark von der zeitlichen Auslastung des ausgewählten Notars abhängt, sollte dieser Punkt rechtzeitig begonnen werden. Die Kopie des Handelsregisterauszuges ist bei Beantragung einer Telefonnummer, Eintragung in das Telefonbuch und Einrichtung eines Postfaches von besonderer Bedeutung.

In der Regel werden von dem Darlehensgeber öffentlicher Kredite Kopien der Eintragungen erwartet.

- **Postamt**

Einrichtung eines Postfaches, Klärung der Postvollmacht, Einrichtung eines Postscheckkontos für den kleineren Zahlungsverkehr, Antrag für einen Telefonanschluß.

Tip 9.3

Es erfolgt keine Anmeldung des Telefonanschlusses bzw. Eintragung in ein regionales Telefonbuch, Branchenbuch oder örtliches Telefonbuch, sofern nicht der Auszug des Handelsregisters vorgelegt werden kann.

Berücksichtigen Sie dies, denn die Gesellschaft sollte von Anfang an im Telefonbuch erscheinen.

- **Krankenkasse**

Während der Antrag auf Gewährung öffentlicher Finanzierungshilfen nach Abgabe durch die Hausbank bearbeitet wird, müssen Sie, sofern Sie Mitarbeiter einzustellen beabsichtigen, die erforderlichen Gespräche mit der Krankenkasse selbst abwickeln.

Die Krankenkassen verfügen in der Regel über geschultes Personal, das Ihnen gerne mit Rat und Tat zur Seite steht.

Informieren Sie sich über die Höhe der sozialen Leistungen, die Sie für sich und Ihre Angestellten vom ersten Beschäftigungsmonat an regelmäßig abführen/zahlen müssen.

- **TÜV (Gewerbeaufsicht)**

Sofern Sie in Ihrem Unternehmen beabsichtigen, Maschinen oder sonstige technische Einrichtungen zu installieren, die überwachungspflichtig sind (Aufzug, Druckbehälter, Dampfkessel etc.), setzen Sie sich rechtzeitig mit dem TÜV in Verbindung.

- **Versorgungsunternehmen**

Damit zu Beginn Ihrer Existenzgründung die Versorgung mit Strom, Gas und Wasser gewährleistet ist, informieren Sie rechtzeitig die örtlichen Stadtwerke oder Elektrizitätsgesellschaften.

- **Versicherungen**

Jede selbständige Tätigkeit ist mit Risiken verbunden. Diese Risiken betreffen nicht nur den geschäftlichen, sondern auch den privaten Bereich des Unternehmers. Setzen Sie sich rechtzeitig mit einem Versicherer in Verbindung und lassen Sie sich verschiedene Versicherungskonzepte erarbeiten.

Berücksichtigen Sie Unfalltod, Invaliditäts-, Krankenhaus-, Haftpflicht-, Produkthaftpflicht-, Feuer-, Maschinen-, Betriebsunterbrechungs-, Einbruch-, Diebstahl-, Beraubungs-, Sturm-, Leitungswasser- und KFZ-Versicherung.

9.2 Vorbereitungsphase - Plan -

Nachdem Sie aufgrund dieses Leitfadens und weiterer Informationsquellen zu der Überzeugung gelangt sind, weiterhin eine tragfähige Vollexistenz zu etablieren, ist die sich unter Umständen über mehrere Wochen hinziehende Vorbereitungsphase systematisch aufzubauen.

Tip 9.4

Fertigen Sie sich als Vorbereitung für die Existenzgründung eine Liste an, die die zu behandelnden Themen, erforderlichen Genehmigungen, Besuchstermine und Anfertigungen von Unterlagen zum Inhalt hat.

Diese Auflistung, die Ihnen für die Existenzgründung als Orientierungshilfe und Checkliste dienen soll, aber auch jederzeit zur Erhaltung der Übersicht der gegenseitigen Abhängigkeiten und bei Terminschwierigkeiten dienen kann, sollte folgende Eckpunkte und Merkmale enthalten:

- Art der Tätigkeit: Festlegung des Firmennamens, Gespräch IHK, Abholung der Gewerbeanmeldung, Gesprächstermin Notar.

- Frühester Termin: Angabe der Kalenderwoche, ab wann diese Tätigkeit frühestens ausgeführt werden kann.
- Spätester Termin: Kalenderwoche, bis wann die Tätigkeit spätestens abgeschlossen sein muß.
- Geplanter Termin: vorgesehener Zeitpunkt, den Sie realisieren möchten.
- Alternativer Termin für unvorhergesehene Verschiebungen.
- Zu beachten: Die Anmeldung einer GmbH beim Registergericht ist erst möglich nach der notariellen Anfertigung eines Gesellschaftsvertrages.

Bei Erstellung dieses Planes, der eine wichtige und wertvolle Unterstützungshilfe für den Existenzgründer darstellt, ist Ihnen gerne ein Berater der zuständigen Kammer, Unternehmensberater, Steuerberater oder im Einzelfall der Berater der Hausbank behilflich.

Tip 9.5

Besuchen Sie im frühstmöglichen Stadium Ihrer Unternehmungsvorbereitungen – soweit möglich – ein von den Kammern angebotenes Seminar über Existenzgründungen und Existenzfestigung bzw. stellen Sie den Besuch bei Ihrer zuständigen Kammer, einem Unternehmensberater oder Steuerberater mit an die erste Stelle Ihrer Terminplanung.

Für den Existenzgründer ist eine selbstkritische Beurteilung des Vorhabens von besonderem Interesse, da mit jeder Existenzgründung ein hohes Risiko eingegangen wird, bedingt unter anderem durch die zu tätigenden Investitionen, die Einrichtung einer betrieblichen Infrastruktur und die damit verbundenen Folgekosten, die Aufgabe eines bisher unter Umständen sicheren, abhängigen Arbeitsverhältnisses und die enormen privat zu sichernden Verpflichtungen.

Tip 9.6

Das rechtzeitige Verwerfen einer Existenzgründung ist oft eine bessere Entscheidung als das energische Erzwingen eines mit Zweifeln behafteten Gründungsexperimentes.

Die Erfahrung von Beratern, die den für die Existenzgründung betroffenen Wirtschaftsraum und deren Verhältnisse gut kennen, sollte so früh wie möglich in Anspruch genommen werden.

Bedenken Sie in diesem Zusammenhang die unterschiedlichen Aufgabenstellungen und Schwerpunktgebiete der Berater. Eine sinnvolle Kombination von Steuerberater, dessen Hauptaufgaben in der steuerlichen Beratung des in der Vorbereitung stehenden bzw. etablierten Unternehmens liegen, und Unternehmensberater mit den Hauptaufgaben

- Gründung und Aufbau neuer Unternehmen,
- Schaffen von Organisations- und Marketingstrukturen,
- direkte Unterstützung im Umgang mit Behörden und
- Anlaufpunkt für die Schaffung erster Geschäftskontakte

ist erstrebenswert, muß im Einzelfall jedoch dem Existenzgründer überlassen bleiben.

Ein weiterer für den Existenzgründer nicht zu unterschätzender Posten ist der Anfall der Kosten, die direkt mit der Existenzgründung im Vorbereitungsstadium zusammenhängen. Kosten, die vor Gründung eines Unternehmens entstehen und direkten Bezug zur Existenzgründung haben, können ohne Rücksicht auf die Gesellschaftsform (Einzelfirma oder GmbH) durch den Existenzgründer bei seiner Einkommensteuererklärung berücksichtigt werden.

Kosten, die in der Vorbereitungszeit der Existenzgründung entstehen, liegen ohne Bewertung der notwendigen Arbeitszeit, die hierfür nicht angesetzt werden kann, je nach Unternehmensgröße und Inhalt in der Regel zwischen DM 5000,- und DM 25000,-, oft aber auch darüber.

Tip 9.7

Sammeln Sie in der Vorbereitungszeit alle Quittungen, Belege, Abschnitte, die in irgendeiner Art und Weise im direkten Zusammenhang mit der Gründung stehen; dort, wo Kosten anfallen und keine Quittungen verfügbar sind, nehmen Sie entsprechende Ersatzbelege.

Ordnen Sie diese Belege chronologisch nach Monaten und numerieren Sie sie fortlaufend durch.

Tip 9.8

Führen Sie während der Vorbereitungszeit fortlaufend für alle anfallenden Kosten ein Ein-/Ausgangsbuch.

Dieses Ein-/Ausgangsbuch sollte mindestens

- laufende Numerierung,
- Datum des Kostenanfalls,
- Art der Kosten,
- Betrag sowie
- ergänzende Erläuterungen und Bemerkungen enthalten.

Tragen Sie in dieses Buch alle Aktivitäten, die Ausgaben mit sich bringen, ein. Füllen Sie die entsprechende Betragsspalte aus, notieren Sie die Belegnummern, die Sie fortlaufend vergeben haben. Fertigen Sie Notizen an, wo Aufwendungen entstehen, für die Sie keine Quittungen erhalten (z. B. Telefongebühren in der öffentlichen Telefonzelle oder am privaten Telefon bzw. Fahrten mit dem Privat-PKW), die eindeutig der Gründung des Unternehmens dienen, und fertigen Sie entsprechende Ersatzbelege an.

Erstellen Sie einen monatlichen Abschluß des Kassenbuches und teilen Sie die Kosten zum Schluß der Vorbereitungszeit nach folgenden Merkmalen auf:

- Telefonkosten
- Portokosten
- Fahrtkosten
- Fachliteratur und Zeitungen
- Anzeigen
- Büromaterial
- Arbeitsgeräte und Hilfsmittel
- Beratungskosten
- Sonstiges

Dieses Buch, konsequent bis zum Zeitpunkt der Existenzgründung geführt, enthält eine nicht zu unterschätzende Aufzeichnung von Kosten, denen in der Regel in der Planungsphase keine Einkünfte aus selbständiger Tätigkeit gegenüberstehen. Die Entstehung dieser negativen Einkünfte aus selbständiger Tätigkeit führt somit zur Senkung der Einkommensteuerlast.

Sprechen Sie zu diesem Zweck mit Ihrer zuständigen Finanzbehörde oder dem Steuerberater.

9.3 Vorbereitungsphase - Realisation -

Während der gesamten Vorbereitungsphase, die - um einen vertretbaren niedrigen Aufwand zu haben - systematisch geplant wird, fällt eine Menge von Informationen, Prospekten, Formularen, Berichten und sonstigen Unterlagen an. Da die Zeit nach der Gründung der Etablierung von Produktname und Unternehmensimage schwerpunktmäßig vorbehalten bleiben soll, bereits zu diesem Zeitpunkt jedoch eine tragende Umsatztätigkeit beginnen muß, ist bereits hier der Ordnung und Systematik von angesammelten Informationen ein hohes Maß an Übersichtlichkeit mit der Möglichkeit, diese schnell nachschlagen zu können, beizumessen.

Des weiteren ist der Unternehmer nach dem Handelsgesetzbuch (HGB) verpflichtet, alle mit seinem Unternehmen zusammenhängende Korrespondenz, Informationen, Preislisten, Angebote, eingehende und ausgehende Schreiben sorgfältig zu ordnen und aufzubewahren.

Tip 9.9

Führen Sie diese ordnenden Aktivitäten, die sich mit der Vorbereitung Ihrer Existenzgründung ergeben, bereits im Vorbereitungszeitraum durch, und vermeiden Sie auf diese Weise zeitliche Belastungen in den ersten Tagen Ihrer jungen Firma.

Je nach Art und Inhalt des Unternehmens können folgende zusammengehörigen Themenbereiche in Mappen, Schnellheftern, unter Umständen Ordnern abgelegt werden.

Schriftverkehr, Kopien und Unterlagen mit/für:

- Behörden (Arbeitsamt, Gewerbeamt, Amtsgericht, Post, Fernmeldeamt)
- Banken (Informationen aus den Gesprächen mit verschiedenen Banken, später ergänzt bei öffentlichen Finanzierungen, auch Landesbanken und Deutsche Ausgleichsbank, u. U. Bürgschaftsbank)
- Kammern und Beratern (IHK, Handwerkskammer, Verbände, Unternehmensberater, Steuerberater)
- Mitarbeiter und Versicherungen (AOK, Ersatzkassen, Bundesversicherungsanstalt für Angestellte, Landesversicherungsanstalt)
- Presse/Fachzeitschriften (Anzeigenpreislisten, Verzeichnisse der zuständigen Redaktionen und Redakteure)
- Lieferanten (Schriftverkehr, Preislisten, Produktbeschreibungen, Zahlungs-/Lieferbedingungen, Verträge)
- Mitbewerber (Informationssammlung zum Zweck der Mitbewerberkontrolle)
- Finanzamt (sofern kein Steuerberater hinzugezogen wird)
- Belegsammlung vor Gründung (Sammlung aller Quittungen, Belege, Ersatz-

belege, die im Zusammenhang mit der Existenzgründung vor dem Gründungsdatum angefallen sind)
- Gründungsurkunden und Verträge (Sammlung aller Verträge, die zwischen dem Existenzgründer und der Firma – Einzelfirma oder Gesellschaft – anfallen)
- Unternehmensfinanzierung (alle Verträge und schriftlichen Aufzeichnungen, die direkt mit der Finanzierung der Existenzgründung zu tun haben)
- Personal informativ (Schriftverkehr mit Bewerbern der zu schaffenden Arbeitsplätze)
- Personal aktuell (Schriftverkehr, Zeugnisse, Arbeitsverträge mit einzustellendem Personal)

Sollten Sie zeitlich gesehen in der Vorbereitungszeit außerstande sein, eine ordentliche Ablage in der oben aufgeführten Form durchzuführen, müssen diese Aufgaben spätestens im Anfangsstadium Ihrer gegründeten Firma unter Zuhilfenahme entsprechender Ordnungshilfen, Ordner oder sonstiger Ablagesysteme realisiert werden. Sie müssen permanent während der ersten Zeit Ihres Unternehmens auf diese Unterlagen **schnell** zurückgreifen können.

Entwerfen Sie bereits je nach Art und Gegenstand des Unternehmens während des Vorbereitungsstadiums eine entsprechende Unternehmensbeschreibung, mit der Sie sich bei Kunden, Lieferanten und sonstigen Interessenten ohne zusätzlichen Aufwand kurzfristig und überschaubar vorstellen können.

Überprüfen Sie, inwieweit Sie auf die „Beschreibung zum Unternehmen“ aus dem für die Hausbank erstellten Exposé zurückgreifen können. Fertigen Sie in Manuskriptform erste Preislisten und Produktbeschreibungen an.

In sauberer Form geschriebene Beschreibungen mit entsprechendem Prospektmaterial Ihrer Lieferanten (in Sichthüllen in eine Schnellheftermappe eingelegt oder in sonstiger ansprechender Form zusammengestellt) genügen in der Regel für die ersten Wochen in Ihrem Unternehmen.

Tip 9.10

Warten Sie mit der Erstellung von teureren Prospekt- und Werbeunterlagen bis Sie die ersten Reaktionen und Stellungnahmen zu Ihren vorläufigen Unternehmens- und Produktbeschreibungen erhalten haben.

Es zeigt sich in der Praxis immer wieder, daß das Markt- und Kundenverhalten anders als zunächst geplant eintritt und Sie bereits nach wenigen Wochen Erfahrung anders disponieren, Schwerpunkte umlegen und neue Informationen kurzfristig aufnehmen möchten.

Haben Sie sich bereits zu Beginn der Unternehmertätigkeit für oft über mehrere Tausend DM Entwicklungs- und Herstellungskosten verbrauchendes Werbematerial entschieden, kann dieses als Makulatur betrachtet werden. Gerade junge Betriebe haben in der Aufbauphase einen überproportional hohen Kostenanfall, der erst zu wesentlich späteren Zeitpunkten durch Einnahmen abgebaut werden kann.

Tip 9.11

Lassen Sie sich vor Vergabe des Druckauftrages von Werbe- und Prospektmaterial in einem ausführlichen Gespräch von Ihrer Druckerei beraten und nehmen Sie unter Umständen vorläufig einfachere Ausführungen in geringer Auflagenhöhe.

Beabsichtigen Sie, Personal in Ihrem Haus als Vollzeit-, Teilzeit- oder Aushilfspersonal zu beschäftigen, setzen Sie sich rechtzeitig mit dem Arbeitsamt in Verbindung. Das Einplanen von Stelleninseraten kann sinnvoll sein, führt aber in jedem Fall im Gegensatz zu der Arbeitsvermittlung über das Arbeitsamt zu höheren Kosten.

In der Vorbereitungsphase haben Sie noch genügend Möglichkeiten, sich mit dem Arbeitsmarkt und den für Sie in Frage kommenden Stellen zu beschäftigen. Je nach Anforderung Ihrer ausgeschriebenen Positionen und Anzahl der in Frage kommenden Bewerber setzen Sie reichlich Zeit für die Auswahl des Personals an. Sofern neues Personal von Anfang an mit in das Unternehmen eingeplant werden soll und Sie unter Umständen noch wenig Erfahrung in der Personalführung besitzen, ist es äußerst wichtig, die „richtigen" Mitarbeiter einzustellen.

Tip 9.12

Bereiten Sie sich als zukünftiger Arbeitgeber intensiv auf die Bewerbungsgespräche vor, zeigen Sie von Anfang an dem Bewerber klar auf, daß es sich hier um eine Neugründung und einen jungen Betrieb handelt.

Da oft zu Beginn eine geregelte Arbeitszeit nicht gewährleistet werden kann, ist die Bereitschaft von Mitarbeitern zur direkten, flexiblen Unterstützung und

Hilfe auch in anderen, artfremden Bereichen erforderlich. Fertigen Sie rechtzeitig für diese Situation relevante Arbeitsverträge an.

Sofern Sie tariflich gebunden sind, setzen Sie sich mit Ihrer zuständigen Kammer in Verbindung und erfragen Sie die erforderlichen Eckdaten für die Arbeitsverträge. Führen Sie bereits in dieser Phase hinsichtlich der Verpflichtungen, die sich für den Arbeitgeber durch die Sozialversicherung ergeben, Gespräche mit der zuständigen AOK bzw. den entsprechenden Ersatzkassen. Auch in der Zeit nach Gründung des Unternehmens werden diese Kontakte bis zum Eintritt einer gewissen Routine häufig gepflegt werden müssen.

Tip 9.13

Da Sie als Unternehmer durch die Führung Ihrer Geschäfte und die Beschäftigung von Arbeitnehmern permanent mit rechtlichen Themen tangiert werden, ist es sinnvoll, sich einen Überblick über die verschiedenen gesetzlichen Bestimmungen zu verschaffen.

Dieser Überblick ersetzt nicht rechtsberatende Unterstützung, sondern trägt vielmehr dazu bei, daß Sie sich im Vorfeld Ihrer Unternehmensgründung bereits mit dem einen oder anderen Thema beschäftigt und sachkundig gemacht haben. Je nach Art und Inhalt des Unternehmens kann die Beschaffung folgender Gesetzestexte, die oft bereits in Taschenbuchform zur Verfügung stehen, empfohlen werden:

- Wettbewerbsrecht und Kartellrecht (Recht gegen unlauteren Wettbewerb, Recht gegen Wettbewerbsbeschränkungen)
- Bürgerliches Gesetzbuch (BGB)
- Aktiengesetz mit Mitbestimmungsrecht
- GmbH-Gesetz
- Steuergesetze (Körperschaftssteuer, Bewertungsrecht, Vermögens- und Erbschaftssteuer, Grund- und Gewerbesteuer, Umsatzsteuer, Verkehrssteuern)
- Handelsgesetzbuch (HGB)
- Wechselgesetz
- Scheckgesetz
- Berufsbildungsgesetz
- Kündigungsschutzgesetz
- Arbeitsplatzschutzgesetz
- Lohnfortzahlungsgesetz
- Urlaubsgesetz
- Tarifvertragsgesetz

- Betriebsverfassungsgesetz
- Mitbestimmungsgesetz
- Personalvertretungsgesetz
- Arbeitsgerichtsgesetz
- Bundesbankgesetz
- Kreditwesengesetz
- Gewerbeordnung
- Handwerksordnung
- Gaststättengesetz
- Bundesimmissionsschutzgesetz
- Arbeitsstättenverordnung
- Arbeitsstoffverordnung
- Ehevertrag

9.4 Gründung - Plan -

Nachdem die Finanzierung durch die Hausbank erledigt und die Finanzierungsverträge geschlossen sind, sind - sofern noch nicht erfolgt - die Gewerbeanmeldung, die Eintragung in das Handelsregister und die Unterzeichnung der Mietverträge für Geschäftsräume vorzunehmen.

Im Regelfall steht der Zeitpunkt der Betriebseröffnung unmittelbar bevor. Die Geschäftsausstattung muß ausgesucht und bestellt, Waren bei Lieferanten - die unter Umständen auf Abruf terminiert werden können - in Auftrag gegeben werden. Nachdem die Geschäftsräume zur Verfügung stehen, sind eventuelle Ausbesserungs- und Umbauarbeiten auszuführen, bei der Druckerei müssen Briefpapier, Kuverts, unter Umständen Preislisten abgeholt werden, und bei der Einstellung von Personal müssen in den Tagen vor Eröffnung die Bewerbungsgespräche auf Hochtouren laufen und abgeschlossen werden.

Tip 9.14

Zu diesem Zeitpunkt sollten Muster von Arbeits- und unter Umständen Lehrverträgen besorgt werden sowie die Allgemeinen Geschäftsbedingungen, Werk- und/oder Dienstleistungsverträge ggf. durch einen Anwalt gegengelesen worden sein.

Greifen Sie zu diesem Zeitpunkt auf Ihren für das Exposé erstellten Investitionsbedarfsplan zurück. Leiten Sie die Beschaffungsvorgänge ein. Berücksichtigen Sie bereits jetzt, bei Ausbau Ihrer Räume, die Verlegung von Teppichböden, die Beschaffung von Rollos, Gardinen, Pflanzen, Bildern, Uhren und sonstigen geringwertigen Wirtschaftsgütern.

9.5 Gründung - Realisation -

Zur eigentlichen Gründung zählt die Aushändigung des Gewerbescheines, die Abholung des Handelsregisterauszuges beim zuständigen Amtsgericht, sofern es sich um die Gründung einer GmbH handelt, der Bezug der Geschäftsräume.

Nach diesem Gründungsvorgang sollte der Existenzgründer in jedem Fall alle Behörden, Ämter, Institutionen und Körperschaften öffentlichen Rechtes, die bis zu diesem Zeitpunkt noch nicht über die Etablierung des Gewerbes informiert wurden, persönlich oder telefonisch ansprechen.

Trotz der automatischen Informationsweitergabe durch die Stadt/Gemeinde oder das Amt für öffentliche Ordnung mit der Gewerbeanmeldung kann der Verlust einer Anmeldung bei der IHK, AOK, dem Finanzamt oder der Berufsgenossenschaft unter Umständen nicht bemerkt werden.

In diesem Fall wird der Existenzgründer - soweit er wesentliche Fristen versäumt - nicht selten zur Nachforderung, unter Umständen mit Säumniszuschlägen, herangezogen. Vermeiden Sie diese Unannehmlichkeiten von vornherein und führen Sie das persönliche Gespräch mit den zuständigen Mitarbeitern der angesprochenen Behörden.

10. Das neue Unternehmen

Sofern die Geschäftsräume bezogen sind, der Laden eingerichtet und das Datum der Betriebseröffnung herangerückt ist, schlagen die Herzen des Existenzgründers und der beteiligten Freunde und Bekannten, die am Aufbau des Unternehmens mit beteiligt sind, höher.

Jetzt ist es soweit, der Existènzgründer ist kein Gründer mehr, er hat sich in die Reihen der Unternehmer eingefügt. In der allgemeinen Hektik und dem Trubel geraten oft genug die gut gefaßten Vorsätze ins Wanken, und im Überschwang der Emotionen wird nicht selten vor lauter Unternehmersein das wesentliche Geschäftsziel „Umsatz machen“ verdrängt.

Das „Umsatz machen“ darf nicht auf die nächsten Wochen oder Monate verschoben werden, sondern ist für den Existenzgründer von nun an mit all den zusätzlichen und neuen Aufgaben und Verpflichtungen existenznotwendig. Aus diesem Grund werden in diesem letzten Kapitel einige Anhaltspunkte und Gedankenstützen, die dem Jungunternehmer während der ersten Zeit dienen können, zusammengefaßt.

10.1 Der erste Arbeitstag im neuen Unternehmen

Ohne Rücksicht auf die Art des Unternehmens, ob Dienstleistungs-, Handels-, Handwerks- oder Produktionsbetrieb, ob als Einmannfirma oder unter Berücksichtigung der Beschäftigung verschiedener Mitarbeiter (neuer Mitarbeiter), gilt als einziger wesentlicher Grundsatz des ersten Arbeitstages **Hektik vermeiden.**

Es ist absolut normal und selbstverständlich, daß Überschwang, Übereifer, Nervosität und Unsicherheit konzentriert am ersten Arbeitstag auftreten. Als systematische Hilfsmittel zur Vermeidung der Hektik kann die Erarbeitung von Spickzetteln, wie sie jeder von der Schule gewöhnt ist, nützlich sein. Wichtige Formulierungen über Art und Inhalt des Unternehmens, Zweck und Vorstellungen der nächsten Zeit, Ankündigung besonderer Angebote etc. können hier griffbereit in der Nähe des Telefons oder in sonstiger Form als Aktennotiz hinter einer Klarsichthülle verborgen auf den Schreibtisch gelegt und bei Bedarf herangezogen werden. Durch diese Spickzettel ist der sachliche und ruhige Ton bei Telefongesprächen (Telefonangst) weitgehend sichergestellt.

Beschäftigen Sie Mitarbeiter von der ersten Unternehmensstunde an, laden Sie diese zu einem Eröffnungsgespräch ein. In einer Runde mit Kaffee und Kuchen, vielleicht mit ein paar erfrischenden alkoholfreien Getränken läßt sich das erste Unternehmensjahr gut angehen.

Instruieren Sie Ihre Mitarbeiter mit Ihren Vorstellungen und Aufgaben und geben Sie ihnen als Hinweis und Tip die gleichen Verfahren, die Sie selbst anwenden, mit auf den Weg zum Arbeitsplatz (z. B. die Anfertigung eines Spickzettels).

Benutzen Sie den ersten Arbeitstag für Telefongespräche, informieren Sie Ihre wichtigen Geschäftsfreunde, Lieferanten, Gesprächspartner, Ihre ersten Kunden, und setzen Sie sie von der Betriebseröffnung in Kenntnis.

Inwieweit Sie im einzelnen beabsichtigen, eine offizielle Eröffnungsfeier durchzuführen, bleibt dem einzelnen Jungunternehmer selbst überlassen. Es gibt hier nicht das Idealrezept, in welchem Kreis und Umfang, zu welchem Zeitpunkt nach Eröffnung und mit welcher Intensität solch eine Betriebsfeier durchgeführt werden sollte.

Sofern Sie jedoch beabsichtigen, in einem offiziellen Rahmen Ihre Gründung zu etablieren und gar Lieferanten, Banker und unter Umständen die Presse mit einzubeziehen, sollten Sie systematisch diese Eröffnungsfeier vorbereiten.

Wählen Sie hierfür mit einer unter Umständen eigens für die Betriebseröffnung gedruckten Einladungskarte die Form der schriftlichen Einladung. Ihre Hausdruckerei ist Ihnen hierbei mit vorhandenen Standardmustern gerne behilflich.

Tip 10.1

Falls Sie schriftliche Einladungen zur Betriebseröffnung versenden, wählen Sie nicht die Form der Drucksache, sondern frankieren Sie diese Postsache als Brief.

Das Vergessen solcher Kleinigkeiten hat schon oft dazu geführt, daß für den Jungunternehmer wichtige Personen, die zur Betriebseröffnung eingeladen wurden, nicht erschienen, da sie oder Mitarbeiter und Sekretärinnen mit weitgehend eigener Postbearbeitungsvollmacht dieses Kuvert vermeintlich als Massendrucksache umgehend in den Papierkorb warfen.

Das wäre nicht nur schade um die Kosten der Einladung, sondern auch, weil der beabsichtigte Zweck verfehlt würde. Eine Einladung mit Rückantwortkarte oder Ankündigung eines telefonischen Nachfragetermins durch das Sekretariat erleichtert Ihnen die Disposition bei der Beschaffung Ihrer lukullischen Genüsse und der räumlichen Verhältnisse.

Andere Formen der Betriebseröffnung, wie sie gerne im Einzelhandel praktiziert werden, zielen auf eine möglichst großzügige Ansprache Ihrer zukünftigen Endkunden ab. Hier sind Ihnen Mitarbeiter der Lokalpresse oder von Werbeagenturen behilflich.

Tip 10.2

Der Tag der offenen Tür, eine große Tombola, ein besonderer Gag, ein Faßbieranstich, eine Blaskapelle, bei Eröffnung im Herbst ein kleines Weinfest, tragen optimal mit dazu bei, die Aufmerksamkeit auf Ihr Unternehmen zu lenken und mit dieser Attraktion bereits in den ersten Tagen möglichst viele Interessenten auf Ihr Unternehmen aufmerksam zu machen.

Als Jungunternehmer werden Sie auf einmal von der Menge der sich Ihnen jetzt zeigenden Freunde, die Sie während der ganzen Vorbereitungszeit nicht zu Gesicht bekommen haben, überrascht sein.

Auch dies ist der Grund für den einen oder anderen Jungunternehmer, von der hier geschilderten Art der Eröffnungsfeier (sofern es die Art des Unternehmens zuläßt) auf eine andere Form auszuweichen.

Beispiele haben gezeigt, daß Jungunternehmer erst einmal das erste Geschäftsjahr abwarten und überprüfen, wieviele der zuvor so zahlreich gemachten Versprechungen der Kunden und Freunde tatsächlich realisiert wurden. Eine Nacheröffnungsfeier, 12 Monate nach Gründung, mit dem sich eingestellten Kundenkreis ist langfristig oft wirkungsvoller. Letzten Endes stellt sie eine gewisse Dankbarkeit diesen Kunden gegenüber dar, die jetzt Ihr Umsatzträger geworden sind und im übertragenen Sinne über Gedeih und Verderb Ihres Unternehmens mit entscheiden.

Neben den Planungen zur Eröffnung und der Vermeidung von Hektik am ersten Tag sind kurzfristig - soweit noch nicht durchgeführt - weitere Aktivitäten erforderlich. Sofern die Bürobedarfs-Erstausstattung nicht komplett alles abdeckt, beschaffen Sie sich jetzt Überweisungs-, Bank- und Scheckformulare, Standardblöcke über Quittungen, Reisekostenbelege und Lohnzettel. Für Ihre buchhalterischen Aufzeichnungen wird die Anlage eines Journals, sofern die Buchhaltung nicht außer Haus vergeben wird, erforderlich.

10.2 Der erste Arbeitsmonat im neuen Unternehmen

Nachdem Sie in den ersten Wochen als Jungunternehmer die Routinetätigkeiten tageweise kennengelernt haben, erfolgen zum Ende des Monats die ersten Lohn- und Gehaltszahlungen, die Abführung der Sozialversicherungsbeiträge und der Umsatzsteuer, die Durchführung des ersten Monatsabschlusses und viele weitere Aktivitäten.

Tip 10.3

Sinnvoll ist es für Sie, sich ein Heft anzulegen, in das Sie stichwortartig alle Tätigkeiten hineinschreiben oder abheften, von denen Sie glauben, daß sie regelmäßigen Charakter haben könnten. Ein solches Nachschlagewerk ist nicht nur Ihnen, sondern auch Ihren Mitarbeitern, sofern diese ebenfalls ein Nachschlagewerk führen, behilflich. In der Anfangsphase, in der die Routine noch nicht ausgeprägt ist, werden auf diese Weise wesentliche, regelmäßig wiederkehrende Tätigkeiten nicht vergessen.

Zur Vorbereitung Ihrer ersten Monatsabschlüsse und zur Erstellung von Lohn- und Gehaltszahlungen sind Ihnen, soweit Sie nicht auf Steuerberater zurückgreifen, auch gerne die Mitarbeiter der zuständigen AOK oder sonstiger Krankenkassen behilflich.

Diese Krankenkassen verfügen über geschultes Personal, das gerade für junge und neue Unternehmen schon aus Gründen der Fehlervermeidung mit Rat und Tat zur Verfügung steht.

Auch an der Schaffung eines Firmen- und/oder Produktimages muß dem Jungunternehmer jetzt kurzfristig gelegen sein. Zu diesem Zweck vereinbaren Sie mit dem Wirtschaftsredakteur der Lokalpresse ein Gespräch in Ihrem Haus, in dem Sie ihn über die wichtigsten Daten Ihres Unternehmens, Ihre Ziele, Ihr Waren- und Dienstleistungssortiment etc. informieren. Bereiten Sie dieses Gespräch ordentlich vor, denn es hilft Ihnen ohne zusätzliche Kosten zu einer einführenden Publikation und kostenfreien Werbung.

Tip 10.4

Fertigen Sie für das Gespräch mit dem zuständigen Wirtschaftsredakteur ein Manuskript im DIN A 4-Format an, und schreiben Sie die wesentlichen Dinge Ihres Unternehmens nieder.

Punkte, die Sie für besonders wichtig halten, können Sie mit einem Markierungsstift hervorheben.

Nicht selten werden Wirtschaftsredakteure durch Praktikanten vertreten, deren Aufgabe ebenfalls die Erstellung eines Besuchsberichtes ist. Das von Ihnen vorbereitete Manuskript stellt als Orientierungshilfe eine ideale Ergänzung für die Berichterstellung des Pressevertreters dar.

Ein weiterer, sehr oft praktizierter Weg der Unternehmenseinführung ist die Aufnahme eines Kollektivs. Unter Kollektiv wird bei vielen Zeitungen eine Form der Gemeinschaftswerbung verstanden, die auf Unternehmen zugeschnitten wird, die einen besonderen Anlaß in der Wirtschaftsregion haben oder ein Novum darstellen. Solche Anlässe können Betriebsjubiläen, wesentliche Um- und Erweiterungsbauten, Geschäftsneugründungen, Fusionen oder die Aufnahme von neuen Produkten oder Verfahren sein.

Das Kollektiv besteht zumeist aus einem Berichts- oder Text- und einem Anzeigenteil. Das Verhältnis ist unterschiedlich, liegt oft bei 2:3 oder 1:2 des hierfür vorgesehenen Raumes. Im Anzeigenbereich des Kollektivs werden die an der Gründung bzw. am Umbau beteiligten Firmen oder Geschäftsfreunde genannt.

Die Schaltung von Inseraten im Kollektiv ist auch im Vergleich mit üblichen Anzeigen für die beteiligten Unternehmen wesentlich werbewirksamer und unterstützt den jungen Betrieb bei der Erstellung einer großflächigeren (halb- oder einseitigen) Berichterstattung.

Der Anteil der eigenen Anzeige wird im Verhältnis zur gesamten Darstellung des Berichts (Text- und Anzeigenteil) nicht selten nur den achten, zehnten Teil der sonst dafür anzusetzenden Kosten betragen. Darüber hinaus haben Sie die Möglichkeit, im Interview zur Erstellung des Kollektivberichtes, unterstützt durch ein Manuskript, dem Kollektivbearbeiter der Presse zu helfen und wesentliche, **Ihnen** angenehm und wichtig erscheinende Informationen im Bericht hervorzuheben und berücksichtigen zu lassen.

10.3 Das erste Arbeitsjahr im neuen Unternehmen

Nachdem die ersten Wochen nach der Unternehmensgründung verstrichen sind und eine gewisse Routine in den Betrieb eingekehrt ist, sind für den Existenzgründer im täglichen Geschäft Ecktermine zu beachten, die einen wiederkehrenden Charakter besitzen.

Kommunale Steuern, z. B. Getränkesteuern, Vergnügungssteuern, sind an Kann-Bestimmungen der Gemeinden gebunden und können je nach Satzung regional in Höhe und Abführungstermin unterschiedlich sein. In der folgenden Auflistung sind sie unter dem 10. des jeweiligen Folgemonats aufgeführt.

Die stichwortartige Aufführung ist chronologisch geordnet und setzt sich im wesentlichen aus den steuerlich interessanten Punkten zusammen.

Januar	10. 01.	Voranmeldung Umsatzsteuer
	10. 01.	Vorauszahlung Umsatzsteuer
	10. 01.	Lohnsteueranmeldung
	10. 01.	Lohnsteuerentrichtung
	10. 01.	Anmeldung Vergnügungssteuer
	10. 01.	Anmeldung Getränkesteuer
	15. 01.	Sozialversicherungsbeiträge für den vergangenen Monat
	31. 01.	Gehaltszahlungen
Februar	10. 02.	Voranmeldung Umsatzsteuer
	10. 02.	Vorauszahlung Umsatzsteuer
	10. 02.	Vermögenssteuer nach Bescheid
	10. 02.	Lohnsteueranmeldung
	10. 02.	Lohnsteuerentrichtung
	10. 02.	Anmeldung Vergnügungssteuer
	10. 02.	Anmeldung Getränkesteuer
	15. 02.	Vorauszahlung Gewerbesteuer nach Bescheid
	15. 02.	Grundsteuer nach Bescheid
	15. 02.	Grundsteuer (Hälfte des Jahresbetrages, wenn dieser zusammen DM 60,- nicht übersteigt)
	15. 02.	Sozialversicherungsbeiträge für den vergangenen Monat
	28./29. 2.	Gehaltszahlungen
März	10. 03.	Voranmeldung Umsatzsteuer
	10. 03.	Vorauszahlung Umsatzsteuer
	10. 03.	Lohnsteueranmeldung
	10. 03.	Lohnsteuerentrichtung
	10. 03.	Vorauszahlung der Körperschaftssteuer nach Bescheid
	10. 03.	Vorauszahlung der Einkommensteuer nach Bescheid
	10. 03.	Anmeldung Vergnügungssteuer
	10. 03.	Anmeldung Getränkesteuer
	15. 03.	Sozialversicherungsbeiträge für den vergangenen Monat
	31. 03.	Gehaltszahlungen
April	10. 04.	Voranmeldung Umsatzsteuer
	10. 04.	Vorauszahlung Umsatzsteuer
	10. 04.	Lohnsteueranmeldung
	10. 04.	Lohnsteuerentrichtung
	10. 04.	Anmeldung Vergnügungssteuer
	10. 04.	Anmeldung Getränkesteuer

	15. 04.	Sozialversicherungsbeiträge für den vergangenen Monat
	30. 04.	Gehaltszahlungen
Mai	10. 05.	Voranmeldung Umsatzsteuer
	10. 05.	Vorauszahlung Umsatzsteuer
	10. 05.	Vermögenssteuer nach Bescheid
	10. 05.	Lohnsteueranmeldung
	10. 05.	Lohnsteuerentrichtung
	10. 05.	Anmeldung Vergnügungssteuer
	10. 05.	Anmeldung Getränkesteuer
	15. 05.	Vorauszahlung Gewerbesteuer nach Bescheid
	15. 05.	Grundsteuer nach Bescheid
	15. 05.	Sozialversicherungsbeiträge für den vergangenen Monat
	31. 05.	Jahresumsatzsteuererklärung
	31. 05.	Jahreseinkommensteuererklärung
	31. 05.	Körperschaftssteuererklärung
	31. 05.	Gewerbesteuererklärung
	31. 05.	Vermögenssteuererklärung
	31. 05.	Gehaltszahlungen
Juni	10. 06.	Voranmeldung Umsatzsteuer
	10. 06.	Vorauszahlung Umsatzsteuer
	10. 06.	Lohnsteueranmeldung
	10. 06.	Lohnsteuerentrichtung
	10. 06.	Vorauszahlung zur Körperschaftssteuer nach Bescheid
	10. 06.	Anmeldung Vergnügungssteuer
	10. 06.	Anmeldung Getränkesteuer
	15. 06.	Sozialversicherungsbeiträge für den vergangenen Monat
	30. 06.	Erstellen der Bilanz bei Kapitalgesellschaft nach GmbH-Gesetz
	30. 06.	Gehaltszahlungen
Juli	10. 07.	Voranmeldung Umsatzsteuer
	10. 07.	Vorauszahlung Umsatzsteuer
	10. 07.	Lohnsteueranmeldung
	10. 07.	Lohnsteuerentrichtung
	10. 07.	Anmeldung Vergnügungssteuer
	10. 07.	Anmeldung Getränkesteuer
	15. 07.	Sozialversicherungsbeiträge für den vergangenen Monat
	31. 07.	Gehaltszahlungen

August	10. 08.	Voranmeldung Umsatzsteuer
	10. 08.	Vorauszahlung Umsatzsteuer
	10. 08.	Vermögenssteuer nach Bescheid
	10. 08.	Lohnsteueranmeldung
	10. 08.	Lohnsteuerentrichtung
	10. 08.	Anmeldung Vergnügungssteuer
	10. 08.	Anmeldung Getränkesteuer
	15. 08.	Vorauszahlung Gewerbesteuer nach Bescheid
	15. 08.	Grundsteuer nach Bescheid
	15. 08.	Grundsteuer (Jahresbetrag, wenn dieser DM 30,- nicht übersteigt)
	15. 08.	Grundsteuer (Hälfte des Jahresbetrages, wenn dieser DM 60,- nicht übersteigt)
	15. 08.	Sozialversicherungsbeiträge für den vergangenen Monat
	31. 08.	Gehaltszahlungen
September	10. 09.	Voranmeldung Umsatzsteuer
	10. 09.	Vorauszahlung Umsatzsteuer
	10. 09.	Lohnsteueranmeldung
	10. 09.	Lohnsteuerentrichtung
	10. 09.	Vorauszahlung zur Körperschaftssteuer nach Bescheid
	10. 09.	Vorauszahlung zur Einkommensteuer nach Bescheid
	10. 09.	Anmeldung Vergnügungssteuer
	10. 09.	Anmeldung Getränkesteuer
	15. 09.	Sozialversicherungsbeiträge für den vergangenen Monat
	30. 09.	Gehaltszahlungen
Oktober	10. 10.	Voranmeldung Umsatzsteuer
	10. 10.	Vorauszahlung Umsatzsteuer
	10. 10.	Lohnsteueranmeldung
	10. 10.	Lohnsteuerentrichtung
	10. 10.	Anmeldung Vergnügungssteuer
	10. 10.	Anmeldung Getränkesteuer
	15. 10.	Sozialversicherungsbeiträge für den vergangenen Monat
	31. 10.	Gehaltszahlungen
November	10. 11.	Voranmeldung Umsatzsteuer
	10. 11.	Vorauszahlung Umsatzsteuer
	10. 11.	Vermögenssteuer nach Bescheid
	10. 11.	Vermögenssteuer (Jahressteuer, wenn diese DM 500,- nicht übersteigt)

	10. 11.	Lohnsteueranmeldung
	10. 11.	Lohnsteuerentrichtung
	10. 11.	Anmeldung Vergnügungssteuer
	10. 11.	Anmeldung Getränkesteuer
	15. 11.	Vorauszahlung Gewerbesteuer nach Bescheid
	15. 11.	Grundsteuer nach Bescheid
	15. 11.	Sozialversicherungsbeiträge für den vergangenen Monat
	30. 11.	Gehaltszahlungen
Dezember	10. 12.	Voranmeldung Umsatzsteuer
	10. 12.	Vorauszahlung Umsatzsteuer
	10. 12.	Vermögenssteuer nach Bescheid
	10. 12.	Lohnsteueranmeldung
	10. 12.	Lohnsteuerentrichtung
	10. 12.	Vorauszahlung zur Körperschaftssteuer nach Bescheid
	10. 12.	Vorauszahlung zur Einkommensteuer nach Bescheid
	10. 12.	Anmeldung Vergnügungssteuer
	10. 12.	Anmeldung Getränkesteuer
	15. 12.	Vorauszahlung Gewerbesteuer nach Bescheid
	15. 12.	Grundsteuer nach Bescheid
	15. 12.	Sozialversicherungsbeiträge für den vergangenen Monat
	31. 12.	Gehaltszahlungen

Quellennachweis

[1] Globus Kartendienst GmbH, Wandsbeker Zollstr. 5 a, 2000 Hamburg 70, 5299 (1985)

[2] Richtlinien des Bundesministers für Wirtschaft über die Förderung von Unternehmensberatungen für kleine und mittlere Unternehmen vom 20. November 1989

[3] Die Handwerkerfibel, 21. überarbeitete Auflage. - Bad Wörishofen: Hans Holzmann Verlag GmbH & Co. KG, 1981

[4] Beck-Texte im Deutschen Taschenbuch Verlag (DTV)

[5] Merkblatt über die gesetzliche Unfallversicherung, Ausgabe Januar 1984, veröffentlicht vom Hauptverband der gewerblichen Berufsgenossenschaften e. V., Landwartweg 103, 5300 Bonn

[6] Die ERP-Programme 1988/1989, herausgegeben vom Referat Öffentlichkeitsarbeit dem BMWI, Stand 1. Februar 1989

[7] Bekanntmachung - Eigenkapitalhilfe - Programme des Bundesministers für Wirtschaft - Programmrichtlinien vom 21. Dezember 1988 - Bekanntmachung des BMWI im Bundesanzeiger

[8] Finanzielle Wirtschaftsförderung der Landeskreditbank Baden Württemberg vom 15. März 1988; Programm 1.1 für Existenzgründung und Programm 1.2 für Existenzfestigung sowie die Ergänzungen als Rundschreiben über die finanzielle Gewerbeförderung vom 16. Mai 1988, 5. Oktober 1988 und 1. Mai 1989

[9] Pressemitteilung des BMFT 73/89 vom 3. Juli 1989

[10] Info der tbg, Technologie - Beteiligungs - Gesellschaft mbH der Deutschen Ausgleichsbank 08/89

[11] Information der Europäischen Investitionsbank 01/89, Luxemburg, Fazilitäten zur Finanzierung kleinerer und mittlerer Unternehmen 06/87

Stichwortverzeichnis